AF275043

COLEX

Disfrute gratuitamente **DURANTE UN AÑO** de los eBook y audiolibros de las obras de Editorial Colex*

⊚ Acceda a la página web de la editorial **www.colex.es**

⊚ Identifíquese con su usuario y contraseña. En caso de no disponer de una cuenta regístrese.

⊚ Acceda en el menú de usuario a la pestaña «Mis códigos» e introduzca el que aparece a continuación:

RASCAR PARA VISUALIZAR EL CÓDIGO

Actas en órganos colegiados y de contratación: claves, ejemplos y herramientas

⊚ Una vez se valide el código, aparecerá una ventana de confirmación y su eBook y audiolibro estará disponible **durante 1 año desde su activación** en la pestaña «Mis libros» en el menú de usuario.

¡Gracias por confiar en nosotros!

La obra que acaba de adquirir incluye de forma gratuita la versión electrónica.

Acceda a nuestra página web para aprovechar todas las funcionalidades de las que dispone en nuestro lector.

Funcionalidades eBook

Acceso desde cualquier dispositivo con conexión a internet

Idéntica visualización a la edición de papel

Navegación intuitiva

Tamaño del texto adaptable

Síguenos en:

ACTAS EN ÓRGANOS COLEGIADOS Y DE CONTRATACIÓN

CLAVES, EJEMPLOS Y HERRAMIENTAS

ACTAS EN ÓRGANOS COLEGIADOS Y DE CONTRATACIÓN

CLAVES, EJEMPLOS Y HERRAMIENTAS

Francisco Javier Puentenueva

COLEX 2025

© Francisco Javier Puentenueva

© Editorial Colex, S.L.
Calle Costa Rica, número 5, 3.º B (local comercial)
A Coruña, C.P. 15004
info@colex.es
www.colex.es

I.S.B.N.: 979-13-7011-366-7
Depósito legal: C 1503-2025
DOI: https://doi.org/10.69592/979-13-7011-366-7

SUMARIO

PARTE I

MARCO GENERAL: LAS ACTAS EN LOS ÓRGANOS COLEGIADOS

CAPÍTULO I

FUNDAMENTOS JURÍDICOS Y FUNCIÓN DEL ACTA

CAPÍTULO II
ESTRUCTURA Y REDACCIÓN DEL ACTA

PARTE II
LAS ACTAS DE LAS MESAS DE CONTRATACIÓN

CAPÍTULO I
LAS MESAS DE CONTRATACIÓN Y SU FUNCIÓN COLEGIADA

CAPÍTULO II
REDACCIÓN Y CONTENIDO DE LAS ACTAS
DE LA MESA DE CONTRATACIÓN

PARTE III
GESTIÓN ELECTRÓNICA Y ARCHIVO

1
VALIDEZ JURÍDICA DE LA FIRMA DIGITAL DEL ACTA

2
REQUISITOS DE SISTEMAS DE GESTIÓN DOCUMENTAL

PARTE IV
SUPUESTOS PRÁCTICOS

4

ACTA DE CALIFICACIÓN DEL SOBRE 1, APERTURA DEL SOBRE 2 Y REMISIÓN A LA COMISIÓN TÉCNICA DE VALORACIÓN

5

ACTA DE VERIFICACIÓN DE SUBSANACIÓN DEL SOBRE 1, APERTURA DEL SOBRE 2 Y REMISIÓN A LA COMISIÓN TÉCNICA DE VALORACIÓN

6

ACTA DE ANÁLISIS DEL INFORME TÉCNICO, ACEPTACIÓN DEL INFORME Y REQUERIMIENTO POR PRESUNTA OFERTA ANORMALMENTE BAJA

7

ACTA DE RECHAZO DEL INFORME TÉCNICO POR FALTA DE MOTIVACIÓN

8

ACTA DE RECHAZO DE OFERTAS ANORMALES Y PROPUESTA DE ADJUDICACIÓN

BIBLIOGRAFÍA

INTRODUCCIÓN

I. Justificación del estudio

En el seno de la Administración pública, el acta se erige como documento esencial para dotar de validez formal, control jurídico y trazabilidad a las decisiones colegiadas, singularmente en el ámbito contractual. Redactar bien un acta no es solo una obligación legal, también es una forma de asegurar que los procedimientos pueden justificarse ante cualquier auditoría o revisión posterior. No basta con cumplir las normas; hay que documentar con rigor lo que realmente ocurrió.

En los procedimientos de contratación pública, las actas de las Mesas de contratación cumplen una función crítica, documentar las decisiones de evaluación y adjudicación, registrar el desarrollo secuencial del expediente y permitir, en su caso, la fiscalización interna y externa del proceso. Su elaboración no puede entenderse como una mera formalidad, sino como una operación jurídica con repercusiones directas en la validez y eficacia del procedimiento.

No obstante, la práctica revela deficiencias frecuentes en su redacción, lagunas en los modelos utilizados y desafíos técnicos vinculados a la firma electrónica, anonimización de datos o archivo digital. Estos problemas son más comunes de lo que parece. Muchos órganos elaboran actas con modelos obsoletos o incompletos. De ahí la necesidad de revisar tanto el enfoque legal como la manera en que se aplican en la práctica.

Este trabajo nace con vocación de ofrecer una guía estructurada, jurídica y técnica sobre las actas en los órganos colegiados, centrando el análisis en las Mesas de contratación como órgano instrumental clave para garantizar la transparencia y legalidad del procedimiento.

II. Objetivos y enfoque metodológico

1. Objetivos del trabajo

El propósito de este trabajo es estudiar cómo se elaboran y gestionan las actas en los órganos colegiados de contratación, tanto desde el punto de vista legal como desde una perspectiva más práctica y operativa. De forma concreta, se plantean los siguientes objetivos:

1.1. Objetivo general

Examinar el papel de las actas como instrumento esencial en la documentación, validación y control de las actuaciones de los órganos colegiados en los procedimientos de contratación pública.

1.2. Objetivos específicos

a) Identificar y sistematizar el marco normativo aplicable a las actas, tanto desde la perspectiva general del Derecho administrativo como desde su específica proyección en la contratación del sector público.

b) Analizar la estructura, contenido y valor jurídico de las actas, incluyendo su función probatoria y su vinculación con los actos administrativos que documentan.

c) Estudiar los requisitos técnicos y formales de redacción, firma y conservación de las actas, con atención a los avances en Administración electrónica y gestión documental.

d) Evaluar los límites y obligaciones derivados de la normativa sobre transparencia y protección de datos personales en la elaboración y publicación de actas.

e) Contrastar modelos institucionales y prácticas administrativas relevantes, incluyendo orientaciones doctrinales y jurisprudencia aplicable.

f) Proponer recomendaciones y buenas prácticas para la elaboración eficaz y jurídicamente adecuada de las actas de las Mesas de contratación.

g) Facilitar criterios aplicables por Secretarías y Responsables de contratación en la redacción segura y eficaz de las actas.

2. Enfoque metodológico

Para el desarrollo del presente trabajo se ha adoptado una **metodología jurídico-descriptiva, normativa y práctica**, estructurada en las siguientes fases:

a) **Análisis normativo**: Estudio de las disposiciones legales y reglamentarias aplicables, con especial referencia a la Ley 9/2017, de Contratos del Sector Público (LCSP), la Ley 39/2015, del Procedimiento Administrativo Común (LPACAP), así como normativa sectorial e instrucciones técnicas sobre gestión documental y Administración electrónica.

b) **Revisión doctrinal**: Examen de publicaciones académicas, informes consultivos y guías institucionales sobre actas y órganos colegiados, con especial atención a la doctrina emanada de órganos como la Junta Consultiva de Contratación Pública del Estado.

c) **Consulta jurisprudencial**: Análisis de sentencias relevantes de los Tribunales administrativos y de la jurisdicción contencioso-administrativa en relación con el valor, redacción y efectos de las actas.

d) **Estudio comparado**: Referencia a modelos normativos y técnicos internacionales en materia de documentación colegiada y sistemas de gestión documental.

e) **Dimensión práctica**: Revisión de modelos reales de actas (anonimizados), así como simulaciones de redacción para ilustrar buenas prácticas y errores frecuentes.

Se ha optado por una metodología que no se limita a lo teórico. La idea es ofrecer herramientas reales a quienes redactan actas, desde una base normativa clara pero sin perder el enfoque útil que se necesita en el día a día. En síntesis, se trata de facilitar la aplicación de criterios claros y seguros en la elaboración de actas dentro de los procedimientos contractuales.

III. Marco normativo y fuentes utilizadas

El análisis de las actas de los órganos colegiados, y en particular de las Mesas de contratación, requiere un enfoque normativo transversal que integre las reglas generales del procedimiento administrativo común con las disposiciones específicas del régimen jurídico de la contratación pública y la documentación administrativa. En este sentido, el presente trabajo se apoya en un conjunto de fuentes normativas, doctrinales y técnicas que se enumeran y clasifican a continuación.

1. Normativa general aplicable

a) **Ley 39/2015, de 1 de octubre, del Procedimiento Administrativo Común de las Administraciones Públicas (LPACAP).** Norma básica en lo relativo a la estructura, validez y efectos de los actos administrativos, así como a la documentación de las actuaciones realizadas por órganos colegiados.

b) **Ley 40/2015, de 1 de octubre, de Régimen Jurídico del Sector Público (LRJSP).** Regula el funcionamiento de los órganos colegiados en el ámbito administrativo, estableciendo las normas sobre convocatoria, constitución, deliberación, votación y levantamiento de actas.

2. Normativa específica en materia de contratación pública

a) **Ley 9/2017, de 8 de noviembre, de Contratos del Sector Público (LCSP).** Regula la composición, funcionamiento y documentación de las Mesas de contratación, así como la exigencia de transparencia y publicidad de los procedimientos.

b) **Reglamento General de la Ley de Contratos de las Administraciones Públicas (RD 1098/2001, de 12 de octubre).** Ofrece disposiciones complementarias sobre la actuación de los órganos de contratación y la documentación de los procedimientos, incluyendo la elaboración de actas.

3. Normativa complementaria y sectorial

a) **Ley Orgánica 3/2018, de Protección de Datos Personales y Garantía de los Derechos Digitales (LOPDGDD).** Normativa esencial para el tratamiento y anonimización de los datos personales contenidos en las actas, en conexión con el Reglamento (UE) 2016/679 (RGPD).

b) **Ley 19/2013, de 9 de diciembre, de Transparencia, Acceso a la Información Pública y Buen Gobierno.** Marco legal para la publicidad activa de documentos como las actas y su relación con el derecho de acceso a la información.

c) **Normativa sobre Administración electrónica, archivo y conservación documental**, incluyendo:

   » Ley 39/2015.

   » Esquema Nacional de Interoperabilidad (ENI).

   » Esquema Nacional de Seguridad (ENS).

4. Fuentes doctrinales y técnicas

– **Informes de órganos consultivos**: destacando los dictámenes emitidos por la Junta Consultiva de Contratación Pública del Estado sobre el valor jurídico y requisitos de las actas en procedimientos contractuales.

– **Jurisprudencia relevante**: emitida por Tribunales contencioso-administrativos, así como resoluciones del Tribunal Administrativo Central de Recursos Contractuales (TACRC), en relación con la validez, impugnación y efectos de las actas.

Las normas que regulan esta materia no siempre se aplican igual. Por eso, en este trabajo se ha seleccionado un marco legal con el que se pueden resolver la mayoría de los problemas que surgen en la práctica habitual de contratación.

PARTE I

MARCO GENERAL: LAS ACTAS EN LOS ÓRGANOS COLEGIADOS

CAPÍTULO I

FUNDAMENTOS JURÍDICOS Y FUNCIÓN DEL ACTA

1. Definición y naturaleza jurídica del acta

1.1. Regulación normativa

La Ley 40/2015, de 1 de octubre, de Régimen Jurídico del Sector Público, regula expresamente en su artículo 18 la elaboración de actas por parte de los órganos colegiados de las Administraciones Públicas. Esta disposición establece que de cada sesión se levantará acta por la Secretaría, que deberá recoger, como mínimo: los asistentes, el orden del día, las circunstancias de tiempo y lugar, los puntos principales de la deliberación, el contenido de los acuerdos adoptados y, en su caso, los votos particulares emitidos.

1.2. Definición conceptual

En términos prácticos, un acta es el documento en el que la Secretaría deja constancia de lo ocurrido en una sesión, recogiendo asistentes, acuerdos y circunstancias relevantes. Esa redacción tiene valor jurídico reforzado, ya que sirve como prueba de lo acontecido.

No se trata de una simple transcripción literal, sino de una reconstrucción jurídica de lo esencial ocurrido en la sesión.

Su carácter oficial y la intervención de la Secretaría como fedataria administrativa le otorgan **presunción de veracidad** respecto de los hechos que documenta (iuris tantum).

1.3. Naturaleza jurídica

El acta cumple un doble papel: por un lado, es un documento administrativo incorporado al expediente; y por otro, puede tener efectos directos en la validez de los acuerdos adoptados. A menudo constituye el único medio de prueba de la regularidad formal de una sesión o de la correcta adopción de acuerdos.

En el ámbito de la contratación pública, su valor se ve acentuado al ser soporte material de actuaciones esenciales como la propuesta de adjudicación, la aplicación de criterios de valoración o la verificación del quórum, cuya omisión o incorrecta documentación puede acarrear la nulidad de actuaciones y responsabilidad administrativa.

1.4. Funciones del acta

En la práctica, el acta cumple con varias funciones:

- **Acredita lo sucedido,** para verificar la legalidad del procedimiento.
- **Facilita el seguimiento interno de los acuerdos.**
- **Prueba** tanto en vía administrativa como judicial.

Por tanto, el acta no debe verse como un simple trámite, más bien se trata de la herramienta que permite controlar lo que se decide en una sesión y sirve de respaldo legal si más adelante surge una revisión o un recurso.

2. Funciones del acta en el procedimiento administrativo

El acta desempeña un papel central dentro del procedimiento administrativo, especialmente en el funcionamiento de los órganos colegiados. No es un simple reflejo documental de una reunión, sino un **instrumento jurídico dotado de efectos propios**, que asegura la regularidad formal de las actuaciones, su control y su posterior ejecución.

Las principales funciones que cumple el acta en este contexto son las siguientes:

2.1. Función de constancia jurídica y documental

El acta permite **documentar formalmente la celebración de una sesión colegiada**, su validez procedimental y los hechos jurídicamente relevantes que en ella se producen. En este sentido, la **Ley 39/2015, de Procedimiento Administrativo Común**, establece que los documentos administrativos —entre ellos, las actas— deberán garantizar la autenticidad, integridad y conservación de la información. Así, el acta constituye un soporte documental esencial del expediente administrativo.

2.2. Función de fe pública administrativa

Corresponde a la Secretaría del órgano colegiado, conforme al artículo 18.1 de la **Ley 40/2015**, levantar el acta de cada sesión, ejerciendo funciones de **fedatario público administrativo**. Esta intervención otorga al acta presunción de veracidad respecto de los hechos que recoge, especialmente en lo relativo a la constitución del órgano, la asistencia, el desarrollo de las deliberaciones y los acuerdos adoptados.

2.3. Función de soporte de eficacia de los acuerdos

En numerosos procedimientos, la validez de los acuerdos de los órganos colegiados exige su debida **documentación en acta**. Ello es particularmente relevante en el ámbito de la contratación pública, donde las decisiones de las Mesas de contratación —como las propuestas de adjudicación— deben constar formalmente en actas que respalden la trazabilidad y motivación de las decisiones adoptadas.

2.4. Función probatoria

El acta **integra el expediente administrativo y constituye prueba documental cualificada**, tanto en vía administrativa como en sede contenciosa. En caso de controversia, se presume cierta la veracidad de los hechos consignados, salvo que se acredite prueba en contrario. Esto la convierte en un medio de prueba privilegiado de la actuación colegiada.

2.5. Función de control y revisión

El acta es **clave para la fiscalización y revisión de los procedimientos administrativos**, tanto en el marco del control interno como ante órganos de fiscalización externa o jurisdiccional. Su ausencia, deficiencia o inexactitud puede comprometer la validez del procedimiento y dar lugar a vicios de forma que afecten a la legalidad del acuerdo colegiado.

2.6. Función de transparencia y acceso público

Conforme a lo previsto en la **Ley 19/2013, de Transparencia, Acceso a la Información Pública y Buen Gobierno**, las actas pueden estar sujetas a publicación o acceso, en función de su contenido y de las limitaciones derivadas de la protección de datos personales (LOPDGDD y RGPD). Su adecuada redacción permite equilibrar el principio de publicidad con el respeto a los derechos fundamentales de las personas.

3. El acta como documento público y su valor probatorio

Las actas de los órganos colegiados, cuando se elaboran conforme a los requisitos legales, constituyen **documentos públicos administrativos** en los términos del artículo 26 de la **Ley 39/2015** y del artículo 46 de la **Ley 40/2015**. Esta condición jurídica implica que gozan de una **presunción de autenticidad y veracidad** en cuanto a los hechos que reflejan, otorgándoles una eficacia jurídica destacada dentro y fuera del procedimiento administrativo.

3.1. Documento público administrativo

La naturaleza de documento público deriva de tres elementos esenciales:

a) La autoría por parte de un funcionario competente (la Secretaría del órgano colegiado).

b) La actuación en ejercicio de funciones públicas.

c) Su incorporación al expediente administrativo como parte de la documentación oficial.

Conforme a la LPACAP, dichos documentos deben garantizar su integridad, conservación y autenticidad, siendo soporte fundamental de la actuación administrativa.

3.2. Presunción de veracidad

Las actas gozan de **presunción iuris tantum de veracidad** respecto de los hechos que la Secretaría afirma presenciar directamente (como la constitución del órgano, las asistencias o el resultado de las votaciones). Esta presunción, que puede ser desvirtuada por prueba en contrario, desplaza la carga de la prueba al impugnante. La jurisprudencia del Tribunal Supremo ha consolidado esta doctrina, reconociendo su valor reforzado como prueba documental administrativa.

Conviene distinguir:

- **Hechos objetivos y verificables** (hora, lugar, asistentes, quórum, acuerdos adoptados): presunción reforzada.

- **Juicios subjetivos o valorativos** (intenciones, interpretaciones, deliberaciones): no gozan de igual fuerza probatoria, salvo que se documenten de forma expresa.

3.3. Valor probatorio y eficacia frente a terceros

Como parte integrante del expediente, el acta tiene **valor probatorio tanto en sede administrativa como jurisdiccional**. Puede ser utilizada en procesos de revisión de actos, en impugnaciones contencioso-administrativas o en procedimientos de fiscalización. Además, sirve como respaldo jurídico para actos administrativos posteriores, como resoluciones de adjudicación, cuya legalidad puede depender directamente de la regularidad formal reflejada en el acta.

En la práctica, el acta no solo recoge lo ocurrido, además también respalda jurídicamente las decisiones adoptadas. Su fuerza probatoria hace que, en caso de recurso o auditoría, sea el primer documento al que se acude para comprobar la legalidad de lo actuado.

4. Régimen normativo aplicable a las actas

Las actas se regulan por varias normas que se solapan. En este sentido nos encontramos con las leyes de procedimiento administrativo, las que definen el funcionamiento de los órganos colegiado y, en algunos casos, normas sectoriales adicionales. Gracias a este marco, las actas tienen validez plena tanto en su forma como en su función.

4.1. Normativa general: LPACAP

La **Ley 39/2015**, del Procedimiento Administrativo Común, establece los principios básicos sobre los documentos administrativos, aplicables a las actas como parte del expediente. De todo ello, se puede extraer lo siguiente:

- Define el documento administrativo como soporte que incorpora datos con efectos jurídicos, exigiendo su autenticidad, integridad y conservación.

- Regula el uso de medios electrónicos y la equivalencia funcional del documento digital respecto al soporte papel.

En resumen, la LPACAP fija las reglas básicas que permiten que las actas tengan eficacia dentro del procedimiento administrativo común.

4.2. Normativa específica: LRJSP

La **Ley 40/2015**, de Régimen Jurídico del Sector Público, regula directamente el funcionamiento de los órganos colegiados. Su **artículo 18** prescribe el contenido obligatorio de las actas: asistentes, orden del día, lugar y fecha, resumen de deliberaciones, acuerdos y votos particulares. Además, el **artículo 19** habilita la grabación de sesiones como alternativa documental, siempre que se garantice su autenticidad e integridad.

En la práctica, estas normas son las que todos los órganos colegiados del sector público deben aplicar cuando levantan actas.

4.3. Normativa sectorial complementaria

a) Contratación pública (LCSP)

La **Ley 9/2017, de Contratos del Sector Público**, impone deberes documentales específicos a las Mesas de contratación (arts. 326 y 327), incluidas la redacción de actas que reflejen propuestas de adjudicación y valoración de criterios objetivos y subjetivos. Asimismo, impone deberes de publicidad activa en relación con las actas, especialmente a través de la Plataforma de Contratación del Sector Público.

b) Protección de datos personales

La **LOPDGDD** y el **Reglamento (UE) 2016/679 (RGPD)** obligan a salvaguardar los datos personales contenidos en las actas. Esto requiere aplicar técnicas de anonimización y realizar un tratamiento proporcional a los fines del procedimiento.

c) Transparencia y acceso a la información

La **Ley 19/2013** reconoce el derecho de acceso a las actas, salvo que contengan datos protegidos o información sujeta a reserva. Las Administraciones deben ponderar este acceso en función del principio de publicidad frente a la confidencialidad.

d) Normativa técnica sobre archivo electrónico

El **Esquema Nacional de Interoperabilidad (ENI)** y el **Esquema Nacional de Seguridad (ENS)**, junto con normas UNE-ISO sobre gestión documental, regulan los requisitos de custodia, trazabilidad y conservación digital de las actas.

En conclusión, el régimen normativo de las actas se articula sobre un bloque general común (LPACAP y LRJSP), complementado por normas sectoriales específicas como la LCSP, el RGPD y la Ley de Transparencia. Este marco impone obligaciones formales, técnicas y jurídicas que deben ser cumplidas con rigor, dada la trascendencia de las actas como elementos clave del expediente administrativo y de control de legalidad.

CAPÍTULO II

ESTRUCTURA Y REDACCIÓN DEL ACTA

1. Requisitos formales esenciales

Las actas de los órganos colegiados deben elaborarse con sujeción a una serie de requisitos mínimos, de carácter formal y sustantivo, que aseguren su validez jurídica, eficacia documental y utilidad probatoria. Estos requisitos están definidos fundamentalmente en el artículo 18 de la **Ley 40/2015**, sin perjuicio de lo dispuesto en la **Ley 39/2015**, la legislación sectorial aplicable y las normas técnicas sobre interoperabilidad y archivo.

Se enumeran a continuación los elementos estructurales esenciales que toda acta debe incorporar:

1.1. Identificación del órgano y de la sesión

Debe constar expresamente:

- La denominación del órgano colegiado.
- La naturaleza de la sesión (ordinaria, extraordinaria, urgente).
- La numeración correlativa de la sesión, si procede.

1.2. Lugar, fecha y hora

Debe indicarse el lugar (presencial o virtual), la fecha completa y el horario de inicio y finalización de la sesión, lo cual permite verificar la regularidad formal de la convocatoria y la duración del acto colegiado.

1.3. Relación de asistentes

El acta debe incluir:

- La relación nominal de miembros asistentes (con o sin derecho a voto).
- Las ausencias justificadas o inasistencias.
- Las sustituciones, si las hubiere, con identificación de la persona que actúa en representación.

Esto permite verificar la concurrencia del quórum necesario para la válida constitución del órgano y la adopción de acuerdos (arts. 17 y 18 LRJSP).

1.4. Orden del día

Debe reflejarse íntegramente el orden del día conforme a la convocatoria, con indicación clara de los puntos tratados y la mención expresa de cualquier modificación o inclusión por urgencia debidamente motivada.

1.5. Aprobación del acta de la sesión anterior

En caso de que el órgano así lo tenga establecido como práctica o conforme a su reglamento interno, debe incluirse como primer punto del orden del día la lectura y aprobación, si procede, del acta de la sesión anterior. Dicha aprobación puede realizarse:

- Mediante lectura íntegra o extractada del acta previa.
- Por asentimiento, si ha sido previamente remitida a los miembros.
- Recogiendo, en su caso, enmiendas o aclaraciones formuladas y aceptadas.

Este elemento refuerza la garantía de fidelidad documental, la continuidad procedimental y el principio de seguridad jurídica.

1.6. Desarrollo de la sesión

El acta debe recoger sintéticamente el desarrollo del debate, reflejando:

- Las intervenciones relevantes o representativas.
- Las incidencias ocurridas.
- Las aclaraciones, consultas o advertencias realizadas.

Debe evitarse la transcripción literal, pero garantizar una reconstrucción objetiva del razonamiento colegiado.

1.7. Acuerdos adoptados

Es imprescindible incluir:

- El texto completo del acuerdo o propuesta adoptada.
- El resultado de la votación (unanimidad o mayoría) y, en su caso, los votos particulares.
- La constancia expresa de disidencias si se solicita su inclusión.

1.8. Firma de la Secretaría y validación

El acta debe estar firmada electrónicamente por la Secretaría del órgano, con el visto bueno de la Presidencia, conforme al artículo 18.2 LRJSP y el artículo 26 LPACAP. Debe garantizarse su integridad, autenticidad y conservación electrónica conforme al ENI y a las normas sobre archivo digital.

Si el acta no cumple con estos requisitos mínimos, puede tener problemas de validez, desde simples defectos formales hasta anulaciones, según lo previsto en los artículos 47 y 48 de la LPACAP.

El artículo 18 de la Ley 40/2015 establece el contenido mínimo de cualquier acta. A partir de ahí, en la práctica se emplean tres modelos de actas:

- Acuerdos.
- Intervención.
- Mixto.

2. Modelos de actas: acta de acuerdos, de intervenciones y mixta

El artículo 18 de la **Ley 40/2015, de Régimen Jurídico del Sector Público**, regula los elementos esenciales que toda acta de órgano colegiado debe contener, sin imponer, sin embargo, un modelo único de redacción. Esta circunstancia permite cierta flexibilidad en la forma, siempre que se respeten las exigencias mínimas: identificación de asistentes, orden del día, circunstancias temporales, resumen de deliberaciones, acuerdos adoptados y, en su caso, votos particulares.

En la práctica administrativa se han consolidado tres **modelos funcionales** de actas, que se adoptan según la finalidad, la complejidad de las deliberaciones y la necesidad de documentación reforzada. La elección del modelo debe realizarse siempre **respetando el contenido mínimo legalmente exigido** y en coherencia con los principios de transparencia, eficacia y seguridad jurídica.

2.1. Acta de acuerdos

Este modelo recoge exclusivamente los **acuerdos adoptados por el órgano colegiado**, con indicación del asunto tratado, la propuesta sometida a votación y el resultado. No se documenta el desarrollo del debate, salvo incidencias relevantes.

Características:

- Solo se incluyen los acuerdos alcanzados y el resultado de la votación.
- Si algún miembro pide que conste su voto particular, también debe añadirse.

Ventajas:

- Su redacción es rápida y facilita la ejecución inmediata de las decisiones.

Limitaciones:

- Apenas sirve de prueba en caso de impugnación, ya que no explica el contexto del debate.

Aplicabilidad:

- Órganos con decisiones repetitivas o de escasa complejidad jurídica.

- Mesas de contratación en fases de valoración con **criterios exclusivamente objetivos** (art. 145 LCSP).

2.2. Acta de intervenciones

Este modelo proporciona un **relato más detallado de la sesión**, recogiendo las principales intervenciones de los miembros, argumentos expresados, consultas planteadas y elementos sustantivos del debate. No es una transcripción literal, pero sí una reconstrucción fiel del proceso deliberativo.

Características:

- Documenta el razonamiento previo a los acuerdos.

- Refleja intervenciones significativas de los miembros, reservas, consultas o aclaraciones.

Ventajas:

- Elevado valor jurídico-probatorio.

- Permite reconstruir el proceso colegiado en casos de revisión, fiscalización o impugnación.

Limitaciones:

- Mayor exigencia técnica en la redacción.

- Menor agilidad operativa.

Aplicabilidad:

- Órganos deliberativos que emiten valoraciones cualitativas.

- Mesas de contratación cuando intervienen **criterios subjetivos o juicios de valor técnico** (art. 145 LCSP).

2.3. Acta mixta

Es el modelo **más extendido** en la práctica administrativa. Combina una síntesis del desarrollo de la sesión con una redacción completa y clara de los acuerdos. Permite cumplir los requisitos del artículo 18 LRJSP sin renunciar a la trazabilidad de las decisiones.

Características:

- Describe el desarrollo básico del debate (sin literalidad).
- Detalla los acuerdos y fundamentos esenciales.

Ventajas:

- Equilibrio entre operatividad y seguridad jurídica.
- Suficiente para acreditar regularidad procedimental y motivación.

Aplicabilidad:

- Órganos técnicos con toma de decisiones jurídicamente relevantes.
- Mesas de contratación en fases mixtas (valoración técnica + criterios automáticos).

La elección del modelo de acta debe atender a **criterios de proporcionalidad, funcionalidad y trazabilidad jurídica**. Sea cual sea la opción adoptada, el acta debe recoger **los elementos mínimos exigidos por el artículo 18.1 de la Ley 40/2015**, redactarse con fidelidad y precisión, y ser firmada por la Secretaría con el visto bueno de la Presidencia, conforme al artículo 18.2.

Cuando se opte por medios de grabación audiovisual como soporte documental (art. 19 LRJSP), deberá levantarse una **acta mínima** que garantice la identificación de la sesión, los asistentes y los acuerdos adoptados, asegurando su autenticidad e integridad conforme a los principios del Esquema Nacional de Interoperabilidad.

3. Pautas de estilo y recomendaciones para la redacción del acta

La redacción del acta, más allá del cumplimiento de los requisitos formales, requiere el uso de un **estilo técnico-ju-**

rídico riguroso, que garantice claridad, fidelidad, objetividad y eficacia jurídica. Estas pautas son aplicables a todos los modelos de acta (acuerdos, intervención o mixta), debiendo adaptarse a la función del documento y al tipo de órgano colegiado.

Una correcta técnica de redacción fortalece el valor probatorio del acta, facilita su ejecución y revisión, y asegura el respeto a los principios de legalidad y transparencia.

3.1. Claridad y precisión terminológica

El acta debe redactarse con **lenguaje claro, jurídico y exento de ambigüedades**. Se recomienda utilizar expresiones formales propias del procedimiento administrativo y evitar fórmulas coloquiales o imprecisas.

– Usar construcciones normativas estandarizadas: *«se acuerda...»*, *«se propone...»*, *«se constata...»*.

– Evitar fórmulas genéricas o vagas: *«se habló...»*, *«se pensó...»*, *«se opinó...»*.

3.2. Impersonalidad y objetividad

El contenido del acta debe elaborarse **en estilo indirecto y tono impersonal**, excluyendo valoraciones subjetivas o interpretaciones. La Secretaría documenta hechos y acuerdos, no opiniones.

– Usar tercera persona del singular: *«El/la Presidente/a manifiesta...»*, *«El/la Secretario/a informa...»*.

– Excluir adjetivos o calificativos salvo que sean necesarios para contextualizar hechos objetivos.

3.3. Síntesis representativa de las intervenciones

En los modelos de acta que recogen deliberaciones (intervención o mixtas), es esencial realizar una **síntesis fiel de los argumentos significativos**, sin transcripción literal, pero reflejando con precisión las posturas relevantes:

- Recoger observaciones sustanciales, reservas expresas o consultas relevantes.

- Incluir los elementos que fundamenten el acuerdo, especialmente si pueden tener repercusión jurídica posterior.

3.4. Coherencia formal y estructural

Debe mantenerse una **estructura homogénea y ordenada**, conforme al orden del día y siguiendo un esquema lógico de exposición. Se recomienda:

- Numeración correlativa de puntos y acuerdos.

- Formulación clara, sin subordinaciones excesivas ni lenguaje enrevesado.

- Identificación uniforme de intervinientes y cargos.

3.5. Cuidado ortográfico y gramatical

El acta, como documento público administrativo, debe observar la **máxima corrección lingüística**. Los errores ortográficos, tipográficos o sintácticos pueden afectar la interpretación de los acuerdos y, en casos extremos, su validez.

En caso de incorrección material, se podrá rectificar el acta mediante acuerdo expreso del órgano colegiado, conforme al **artículo 109.2 de la Ley 39/2015**, siempre que no altere el sentido del acuerdo.

3.6. Identificación normativa y autenticación

Cuando se citen leyes en el acta conviene hacerlo con su nombre completo, no con siglas, todo ello con la finalidad de evitar confusiones posteriores. Asimismo, el acta debe incorporar:

- Numeración de páginas y encabezado del órgano.

- Firma de la Secretaría con el visto bueno de la Presidencia.

- En caso de soporte electrónico, firma digital cualificada conforme al **artículo 26 LPACAP** y al **Esquema Nacional de Interoperabilidad**.

3.7. Inclusión de anexos

Si se presentan documentos en la sesión (informes técnicos, propuestas, comunicaciones), deben **referenciarse expresamente** en el cuerpo del acta e incorporarse como anexos, numerados y fechados. Esta práctica facilita la trazabilidad y refuerza el valor documental del expediente.

3.8. Responsabilidad técnica de la Secretaría

La Secretaría, como fedatario público (art. 18.2 LRJSP), debe asegurarse de que el acta refleja con precisión lo ocurrido en la sesión. Su papel no es solo transcribir, sino dar validez jurídica a los acuerdos.

Si el acta está mal redactada —por ejemplo, si omite asistentes o confunde el sentido de un acuerdo—, puede dar problemas serios, desde retrasos administrativos hasta la anulación de lo decidido.

4. Errores frecuentes y consecuencias jurídicas

La elaboración del acta constituye un acto administrativo de carácter instrumental, pero de **relevancia jurídica sustancial**. Su contenido documenta formalmente los acuerdos adoptados y permite su control, ejecución y archivo. Por tanto, los errores en su redacción pueden comprometer la validez del procedimiento, generar disfunciones administrativas y, en ciertos casos, dar lugar a **vicios de forma que afecten a la eficacia del acto**.

A continuación, se identifican los principales errores que pueden producirse en la redacción de las actas, su clasificación jurídica y las consecuencias que se derivan conforme a la **Ley 39/2015, de 1 de octubre (LPACAP)**, y la **Ley 40/2015, de 1 de octubre (LRJSP)**.

4.1. Errores materiales, aritméticos o de hecho

Hablamos aquí de errores menores, como puede ser una fecha mal puesta, un nombre escrito al revés o un número de página equivocado, lo cual, no cambian el fondo del acuerdo.

Tratamiento jurídico:

- Rectificables de oficio por el órgano colegiado que dictó el acto, conforme al **artículo 109.2 LPACAP**, sin necesidad de nueva sesión ni deliberación, siempre que no alteren el sentido del acuerdo.

4.2. Omisión de elementos esenciales del acta

Si falta alguno de los requisitos del artículo 18.1 LRJSP, como el listado de asistentes o el resultado de las votaciones, el acta puede considerarse defectuosa y afectar a la validez de lo acordado.

Consecuencias jurídicas:

- Si el defecto afecta a un requisito esencial y causa perjuicio a los interesados, puede dar lugar a **anulabilidad del acto administrativo** (art. 48.2 LPACAP).

- Solo en supuestos extremos —como ausencia total de competencia, falta de constitución válida del órgano o vulneración de derechos fundamentales—, podría derivarse la **nulidad de pleno derecho** (art. 47.1 LPACAP).

- La calificación debe hacerse caso por caso, atendiendo al principio de **proporcionalidad y conservación del acto** (art. 51 LPACAP).

4.3. Ambigüedad o indefinición en el contenido del acuerdo

Un acuerdo mal formulado, incompleto o redactado de forma ambigua puede generar **inseguridad jurídica** sobre su ejecución o alcance.

Tratamiento jurídico:

- Puede ser necesaria su **aclaración o precisión** mediante acta posterior, siempre que no se altere el sentido de lo acordado.

- Si el defecto impide la ejecución del acto o afecta a su objeto, podría devenir **inejecutable**, obligando a su revocación, corrección o nueva adopción.

4.4. Errores en la identificación de asistentes o en el cómputo de votaciones

Errores en la relación de miembros presentes, el quórum o el resultado de la votación pueden afectar a la **validez del acuerdo** si se prueba que se adoptó sin la mayoría legalmente exigida.

Consecuencias jurídicas:

- Si se comprueba la falta de quórum, el acuerdo será **nulo de pleno derecho** (art. 47.1.b LPACAP).

- Puede requerirse **prueba supletoria**, especialmente en sede contencioso-administrativa, si el contenido del acta es insuficiente.

4.5. Omisión de votos particulares solicitados

Se exige la inclusión en el acta de los votos particulares que expresamente soliciten los miembros del órgano. Su omisión vulnera el **derecho a la constancia formal de la disidencia**.

Consecuencias jurídicas:

- Puede originar la **anulabilidad del acuerdo** si impide acreditar la motivación o la legalidad del acto.

- Puede dar lugar a **reclamaciones disciplinarias o de responsabilidad** por parte del miembro afectado.

4.6. Deficiencias en la firma o validación del acta

La falta de firma por parte de la Secretaría o el uso de un medio de autenticación inválido comprometen la **autenticidad jurídica del documento**.

Efectos jurídicos:

- El acta carece de eficacia formal como documento público administrativo.

- Los acuerdos contenidos en ella no pueden ejecutarse válidamente ni formar parte del expediente de contratación o administrativo.

Los errores en la redacción del acta pueden generar efectos diversos, desde la **mera rectificación formal** hasta la **anulación del acto administrativo**. Ahora bien, **no todo defecto implica invalidez automática**. Conforme al **principio de conservación de los actos administrativos** (art. 51 LPACAP) y la doctrina del acto presunto válido, debe valorarse si el defecto ha causado **indefensión real** o vulneración de garantías esenciales.

Corresponde a la Secretaría del órgano colegiado **prevenir, advertir y subsanar estos errores**, asegurando que el acta reúna todos los elementos legales, sea fiel reflejo de la sesión y permita el control jurídico del procedimiento.

PARTE II

LAS ACTAS DE LAS MESAS DE CONTRATACIÓN

CAPÍTULO I

LAS MESAS DE CONTRATACIÓN Y SU FUNCIÓN COLEGIADA

1. Naturaleza colegiada de la Mesa de contratación

La Mesa de contratación es un **órgano colegiado de asistencia técnica**, previsto en el **artículo 326 de la Ley 9/2017, de Contratos del Sector Público (LCSP)**. Su finalidad es **apoyar al Órgano de contratación** en la valoración de ofertas y en la tramitación de determinadas fases procedimentales, sin ostentar capacidad decisoria propia.

Desde el punto de vista jurídico, se configura como un **órgano auxiliar, con estructura colegiada**, cuyas funciones deben desarrollarse de forma reglada, bajo los principios de objetividad, transparencia y legalidad. La Mesa no tiene voluntad jurídica propia, sino que actúa mediante acuerdos adoptados por mayoría, que se documentan a través de actas que **reflejan su deliberación, su valoración técnica y sus propuestas de adjudicación**.

Clave práctica: La Mesa **no decide**; propone.

Su valor jurídico reside en su actuación colegiada formalizada documentalmente, no en su voluntad individual.

2. Composición y garantías de imparcialidad

El artículo 326 LCSP exige que la composición de la Mesa asegure la **presencia equilibrada de personal técnico y jurídico**, e impone como mínimo la presencia de:

- **Presidencia**: designada por el Órgano de contratación.
- **Secretaría**: normalmente un funcionario con cualificación jurídica.
- **Vocales**: al menos un técnico en la materia objeto del contrato y otro con perfil jurídico-administrativo.

Además, la mayoría de los miembros debe ser **personal funcionario de carrera o estatutario**, para garantizar la profesionalidad y neutralidad del órgano.

Si la Mesa de contratación no se constituye de forma correcta, todo el procedimiento puede quedar en entredicho. Por eso, su composición debe quedar reflejada con claridad en el acta de la sesión constitutiva.

3. Normativa aplicable

La Mesa debe seguir tanto la legislación general (LPA-CAP y LRJSP), como las normas específicas de contratación pública previstas en la LCSP y en los Pliegos.

Marco Normativo	Contenido relevante
Ley 9/2017, de Contratos del Sector Público (LCSP)	Art. 326 Creación, funciones, composición.
Ley 40/2015, de Régimen Jurídico del Sector Público (LRJSP)	Arts. 15-18 Funcionamiento y documentación de órganos colegiados.
Ley 39/2015, de Procedimiento Administrativo Común (LPACAP)	Arts. 26, 47, 109 Validez, firma, rectificación, nulidad.
Normativa sobre administración electrónica (ENI, ENS)	Requisitos de autenticidad, integridad y conservación digital.
Pliegos y acuerdos internos del Órgano de contratación	Pueden regular detalles operativos de la Mesa: convocatoria, suplencias, uso de medios telemáticos.

4. Función instrumental y dimensión probatoria

La Mesa no toma decisiones finales. Sus acuerdos son pasos intermedios que vinculan al Órgano de contratación y deben documentarse en actas.

La documentación de la actuación de la Mesa —en especial sus actas— es lo que permite demostrar que el procedimiento ha respetado **los principios de publicidad, igualdad y libre concurrencia**. Cualquier debilidad en esa documentación afecta a la **defensa del procedimiento**.

En resumen, la actuación de la Mesa debe quedar reflejada en actas firmadas según lo previsto en el art. 26 de la LPACAP, que servirán como respaldo jurídico en caso de recurso o auditoría.

MESA DE CONTRATACIÓN

Funciones clave

- Valora ofertas
- Propone al Órgano de contratación
- Documenta con actas

Lo que NO hace

- No adjudica
- No tiene voluntad jurídica propia
- No actúa sin acta

COMPOSICIÓN

- Presidencia: designada por el Órgano de contratación
- Secretaría: Funcionario con perfil jurídico
- Vocales: Técnicos de la materia
- Mayoría funcionarial obligatoria

MARCO NORMATIVO APLICABLE

- LCSP (326): naturaleza, funciones y miembros
- LRJP (15 – 18): funcionamiento de órganos colegiados
- LPACAP (26, 47 y 109): firma, validez, rectificación y nulidad
- ENI y ENS: documento electrónico y seguridad
- Pliegos y acuerdos: normas internas complementarias

RELEVANCIA JURÍDICA

- Órgano instrumental, no decisor
- Sus acuerdos son actos de trámite cualificado
- Las actas son prueba esencial del cumplimiento de principios
- Su incorrecta constitución puede invalidar la licitación

CAPÍTULO II

REDACCIÓN Y CONTENIDO DE LAS ACTAS DE LA MESA DE CONTRATACIÓN

1. Estructura técnica del acta: elementos obligatorios

La **acta de la Mesa de contratación** constituye el documento formal que acredita la celebración de una sesión, el desarrollo de sus trabajos, las incidencias relevantes y los acuerdos adoptados. Su validez jurídica exige el cumplimiento de los requisitos previstos en el **artículo 18 de la Ley 40/2015, de Régimen Jurídico del Sector Público (LRJSP)**, en conexión con las exigencias específicas del procedimiento de contratación pública regulado en el **artículo 326 de la Ley 9/2017, de Contratos del Sector Público (LCSP)**.

A continuación, se detalla su **estructura técnica**, a través de los elementos que, como mínimo, deben constar en toda acta válida.

1.1. Esquema estructural del acta

1.1.1. Encabezado identificativo

– Denominación completa del órgano colegiado: *«Mesa de Contratación de...»*.

– Tipo de sesión: ordinaria, extraordinaria, urgente, constitutiva, etc.

- Número o código de sesión.
- Fecha, hora y lugar de celebración, o medio telemático empleado.

El encabezado permite identificar la sesión y situarla en el expediente de forma clara.

1.1.2. Constitución de la Mesa

- Relación nominal de los miembros asistentes, indicando su condición (Presidente/a, Secretario/a, Vocal).
- Justificación de las ausencias y, en su caso, acreditación de suplencias válidas.
- Verificación de quórum: conforme al artículo 17 de la LRJSP y artículo 326 LCSP.

Este bloque acredita la válida constitución del órgano colegiado y la regularidad formal de la sesión.

1.1.3. Orden del día

- Enumeración ordenada de los asuntos a tratar.
- Referencia expresa a su inclusión en la convocatoria.
- Mención a eventuales inclusiones por urgencia, con su motivación.

Delimita el ámbito temático y la competencia material de la sesión.

1.1.4. Desarrollo de la sesión

- Resumen fiel, estructurado y objetivo de las **intervenciones técnicas y jurídicas relevantes**.
- Referencia a informes técnicos, solicitudes de aclaración, incidencias procedimentales.
- Constancia de observaciones, reservas o votos particulares anunciados.

Este apartado refuerza la **función probatoria del acta**, permitiendo reconstruir el procedimiento y la motivación técnica de la propuesta.

1.1.5. Acuerdos adoptados

- Redacción **completa, clara y no ambigua** de los acuerdos o propuestas elevadas al Órgano de contratación.

- Resultado de la votación: unanimidad, mayoría, abstenciones, votos particulares.

- Constancia expresa de la remisión del expediente y propuesta correspondiente.

Elemento central del acta: determina su valor operativo como documento de trámite cualificado.

1.1.6. Firma y cierre

- Firma de la Secretaría, con visto bueno de la Presidencia.

- Firma digital cualificada en formato electrónico conforme al artículo 26 LPACAP y estándares del ENI.

- Numeración de páginas y metadatos del expediente electrónico (si procede).

Confirma la autenticidad y eficacia formal del documento público administrativo.

Cuando la sesión se celebre mediante medios electrónicos y se opte por **grabación audiovisual como soporte documental**, podrá sustituirse el acta tradicional por una **acta mínima**, conforme al artículo 18 LRJSP. Esta deberá recoger como mínimo:

- Identificación del órgano, la fecha y el objeto de la sesión.

- Relación de asistentes y acuerdos adoptados.

- Garantía de autenticidad, integridad y conservación de la grabación.

En conclusión, la estructura del acta no es meramente formal. Su coherencia, precisión y fidelidad determinan la **vali-

dez de la actuación colegiada, su ejecutividad y su defensa ante recursos o auditorías. Se recomienda el uso de modelos estandarizados, adaptados al tipo de procedimiento y compatibles con el sistema de tramitación electrónica utilizado por el Órgano de contratación.

1.2. Modelo ilustrativo de acta de mesa de contratación

ACTA N.º 1 DE LA MESA DE CONTRATACIÓN

Órgano colegiado: Mesa de Contratación.

Tipo de sesión: Ordinaria – Primera sesión del procedimiento.

Modalidad de celebración: Telemática mediante plataforma corporativa certificada.

Fecha: 10 de octubre de 2023.

Hora de inicio: 9:00 horas.

Número de expediente: 2023/CONTR/OBRAS/001.

Objeto del contrato: Ejecución de obras de adecuación de instalaciones técnicas.

1.2.1. Constitución de la Mesa

Abierta la sesión a la hora indicada, se constata la válida constitución de la Mesa de contratación con la asistencia de los siguientes miembros:

- Persona que ejerce la Presidencia.
- Persona que ejerce la Secretaría.
- Persona que ejerce la asesoría jurídica.
- Persona que ejerce la función interventora.
- Vocales asistentes.

Todos los asistentes son personal funcionario, conforme al artículo 326 de la LCSP. Se hace constar que la sesión se ha celebrado de forma telemática, con plena acreditación de identidad de los participantes mediante firma digital cualificada.

1.2.2. Orden del día

1. Verificación de la documentación general contenida en el Sobre 1.

2. Adopción de acuerdo de subsanación, en su caso.

3. Posible apertura del Sobre 2 si no concurrieran defectos.

1.2.3. Desarrollo de la sesión

Iniciada la sesión, se procede a la apertura del Sobre 1 presentado por las entidades licitadoras, conforme al orden cronológico de entrada y en aplicación de los artículos 157 y 140 de la LCSP.

Se constata la presentación en plazo de dieciocho proposiciones, todas ellas válidamente registradas en la plataforma electrónica. Examinada la documentación, se comprueba que una de las entidades no ha adjuntado correctamente el documento europeo único de contratación (DEUC) conforme al modelo establecido en el Pliego de Cláusulas Administrativas Particulares (PCAP), presentando deficiencias en la representación y ausencia de la declaración relativa a criterios de solvencia económica.

El resto de proposiciones se encuentran completas y conforme al Pliego.

1.2.4. Acuerdos adoptados

Por unanimidad de los miembros asistentes, la Mesa acuerda:

1. Requerir a la entidad afectada la subsanación del DEUC en el plazo máximo de **tres días naturales**, conforme al artículo 141.2 de la LCSP.

2. Declarar provisionalmente admitidas las ofertas de las diecisiete entidades restantes.

3. Posponer la apertura del Sobre 2 hasta la siguiente sesión, una vez vencido el plazo de subsanación.

1.2.5. Observaciones

No se producen incidencias durante la sesión. Ningún miembro formula votos particulares ni solicita dejar constancia de reservas o disconformidad.

1.2.6. Cierre de la sesión

Finaliza la sesión a las 10:45 horas del mismo día. El acta se redacta en documento electrónico conforme al **artículo 26 de la Ley 39/2015**, será incorporada al expediente electrónico mediante sistema de gestión corporativo y se firmará con certificado digital cualificado por los siguientes intervinientes:

LA SECRETARÍA

(firma electrónica cualificada)

LA PRESIDENCIA

(firma electrónica cualificada)

Con el visto bueno de la Presidencia.

Documento íntegramente tramitado por medios electrónicos. Certificación de integridad y conservación conforme a Esquema Nacional de Interoperabilidad.

2. Tipos de actas en la mesa de contratación

La actuación de la Mesa de contratación se refleja documentalmente a través de **actas sucesivas** que acreditan su válida constitución, el desarrollo de cada sesión, los acuerdos adoptados y las incidencias relevantes. En conjunto, las actas forman parte fundamental del expediente de contratación y sirven de prueba del desarrollo del procedimiento.

Aunque la normativa no establece una clasificación cerrada de actas, la experiencia administrativa permite distinguir los siguientes tipos, en función de su finalidad y contenido.

2.1. Acta de constitución

El acta de constitución es la primera que se levanta y sirve para dejar constancia de que la Mesa está correctamente formada y puede empezar a actuar en el expediente. Su contenido no se limita a una constatación de asistencia, sino que implica una **puesta en marcha jurídica y operativa del órgano colegiado** con capacidad para intervenir válidamente en el expediente.

A diferencia de otras sesiones, esta primera acta confirma que la Mesa está bien constituida y puede ejercer sus funciones en el expediente.

A continuación, se detallan los aspectos **específicos que distinguen a esta acta del resto**, desde una perspectiva sustantiva y no meramente formal.

2.1.a. Acreditación del origen jurídico de la Mesa

Este tipo de acta es la primera oportunidad documental para:

- Mencionar el **acto de designación** (resolución, acuerdo, delegación o convocatoria en virtud del Pliego).

- Hacer constar, en su caso, si la Mesa se constituye de forma **permanente o ad hoc**.

– Indicar si se trata de un órgano propio del ente contratante o de una **Mesa constituida por delegación de otra Entidad pública**.

En algunos supuestos (por ejemplo, Mancomunidades o Centrales de contratación), esta precisión es clave para evitar impugnaciones por competencia.

2.1.b. Confirmación del inicio del procedimiento por la Mesa

Aunque el procedimiento ya haya sido formalmente iniciado por el Órgano de contratación (con la aprobación del expediente y publicación de los Pliegos), es en este momento cuando la Mesa **asume el control técnico del procedimiento**.

Esta acta:

– **Sitúa cronológicamente el momento a partir del cual la Mesa interviene.**

– Permite dejar constancia del **inicio del seguimiento por parte de los Vocales**, lo cual puede ser relevante en caso de sustituciones o recusaciones posteriores.

– Puede incorporar una **referencia técnica al calendario estimado** o a la previsión de tareas (por ejemplo, número de sesiones previstas o tipos de valoración).

Esta función de «hito de entrada» facilita la trazabilidad operativa del expediente.

2.1.c. Observaciones sobre criterios de funcionamiento interno

Aunque no es obligatorio, la práctica administrativa aconseja que en el acta de constitución la Mesa pueda dejar constancia de **acuerdos iniciales sobre aspectos procedimentales internos**, tales como:

– Forma en que se realizarán las deliberaciones (presencial, telemática, híbrida).

– Criterios interpretativos sobre aspectos del Pliego si fueran necesarios.

– Acuerdo sobre la designación de una **Comisión técnica de apoyo** (si se prevé en el Pliego o por volumen del procedimiento).

– Posible necesidad de asistencia letrada en alguna fase del proceso.

Esto aporta seguridad operativa y evita conflictos posteriores sobre el modo de proceder.

2.1.d. Conexión con el expediente electrónico

El acta de constitución puede indicar si la Mesa actuará:

– Totalmente integrada en un sistema de **gestión electrónica del expediente (Punto General de Entrada de Facturas Electrónicas PGEFe, Portal de licitación electrónica SIREC, etc.).**

– O bien utilizará medios mixtos, con acuerdos físicos, pero actas electrónicas.

En este sentido, puede incluirse una fórmula como:

«Las actuaciones de la Mesa se documentarán en expediente electrónico conforme a los estándares del Esquema Nacional de Interoperabilidad, y se utilizarán medios telemáticos para convocatorias y remisión de documentación entre sesiones».

2.1.e. Actuaciones inmediatas previstas

Por último, esta acta puede servir para anunciar la primera actuación efectiva de la Mesa. Ejemplo:

– Fecha prevista para la apertura del Sobre 1.

– Plazo de revisión de documentación general.

– Necesidad de solicitar aclaraciones preliminares al Órgano de contratación (por ejemplo, sobre criterios de desempate).

Este aspecto **preparatorio y anticipador** distingue claramente esta acta de aquellas que recogen decisiones ya adoptadas.

El acta de constitución **marca el punto de inicio operativo del órgano colegiado** y debe ser tratada con el mismo rigor que las actas decisorias. Su redacción no debe limitarse a un modelo rutinario, sino que debe **adaptarse al tipo de procedimiento, al perfil del contrato y al funcionamiento esperado**. Dotarla de contenido sustantivo, no meramente formal, refuerza la seguridad jurídica y la trazabilidad del procedimiento de contratación pública.

2.2. Acta de calificación de documentación (Sobre 1)

El acta de calificación de la documentación administrativa contenida en el **Sobre 1** tiene por objeto **dejar constancia formal y motivada del análisis de los requisitos generales de aptitud de los licitadores**, con base en los criterios de admisión establecidos en el Pliego de Cláusulas Administrativas Particulares (PCAP) y en la normativa general de contratación.

No se trata de una mera lista de admitidos y excluidos, ya que esta acta cumple una **función de filtro jurídico previo a la evaluación técnica y económica**, y constituye una garantía de legalidad y transparencia. Por tanto, su correcta redacción y motivación resulta clave para la validez del procedimiento.

2.2.a. Relación de proposiciones examinadas

Debe indicarse:

– Número total de proposiciones recibidas.

– Si se ha producido algún desistimiento antes de la apertura.

– Cualquier incidencia sobre el registro de presentación (fuera de plazo, duplicidad, errores técnicos, etc.).

En este apartado se recoge qué ofertas pasan a la fase de análisis.

2.2.b. Examen individualizado de la documentación

En esta fase la Mesa revisa, para cada licitador, si ha entregado la documentación exigida, si falta algo relevante y si cumple con los requisitos de capacidad y solvencia, indicando:

- Si ha presentado la documentación requerida (generalmente, DEUC o equivalente).

- Si se constatan omisiones o deficiencias.

- Si se detecta falta de capacidad, solvencia o representación.

- Mención a la conformidad con los medios electrónicos habilitados.

En caso de defectos subsanables, debe constar el acuerdo de requerimiento de subsanación con expresión del plazo otorgado (normalmente 3 días naturales).

2.2.c. Propuesta de admisión o exclusión

En esta fase, la Mesa:

- **Propone la admisión provisional** de quienes hayan cumplido correctamente con los requisitos.

- **Propone la exclusión motivada** de quienes hayan incurrido en omisiones insubsanables, irregularidades sustanciales o incumplimiento manifiesto del Pliego.

Estas propuestas no son resoluciones firmes, puesto que el Órgano de contratación debe ratificar o resolver expresamente las exclusiones, conforme al artículo 150 de la LCSP.

2.2.d. Observaciones procedimentales relevantes

Puede incluirse:

- Relación de subsanaciones que se acuerdan.

- Indicación del modo en que se notificará (habitualmente vía Perfil de Contratante).

- Circunstancias técnicas del análisis: informes de apoyo, incidencias en la visualización de documentos, errores de carga electrónica, etc.

2.2.e. Decisión sobre continuación del procedimiento

Dependiendo del resultado, puede optarse por:

- Convocar próxima sesión para apertura del Sobre 2.
- Suspender el procedimiento hasta resolución de subsanaciones.
- Dejar constancia de que solo continúa una oferta válida (con efectos sobre la competencia real o eventual declaración desierta).

Este punto ayuda a estructurar el expediente y anticipa posibles impugnaciones o controversias.

Cuestiones prácticas de interés

- **Subsanaciones no son *reformatio in peius***: el requerimiento no puede convertirse en causa de exclusión, solo se le puede excluir si no atiende el requerimiento en plazo o presenta documentos contradictorios.
- **Deben evitarse fórmulas genéricas**: por ejemplo, *«no aporta la solvencia técnica»*, sin explicar el documento ausente o la exigencia incumplida.
- **Mención al cumplimiento de confidencialidad**: si se solicita la exclusión de información por parte del licitador, puede anotarse esta petición.

2.2.f. Cláusula técnica orientativa

«Examinada la documentación del Sobre 1 de los diecisiete licitadores admitidos provisionalmente, se constata que la entidad [X] ha omitido la declaración relativa a la solvencia técnica exigida en el punto 5.1 del PCAP, sin que esta carencia sea subsanable al suponer una ausencia de contenido esencial. En consecuencia, se propone su exclusión del procedimiento».

El acta de calificación del Sobre 1 es clave, porque cualquier error en su redacción puede generar impugnaciones o afectar a la validez del procedimiento. Su correcta elaboración es esencial para garantizar la seguridad jurídica del proceso y el derecho de defensa de los licitadores.

2.3. Acta de subsanaciones documentales

El acta de subsanaciones documentales cumple una función singular dentro del procedimiento de contratación, que no es otra que la de **documentar el resultado del requerimiento de subsanación realizado a uno o varios licitadores**. Se sitúa **tras la apertura y calificación del Sobre 1**, y es previa a la evaluación técnica o económica.

Su objetivo es dejar constancia de:

- Qué licitadores han sido requeridos.

- Qué documentación han aportado en el plazo otorgado.

- Si dicha documentación subsana o no los defectos observados.

- La consecuencia procedimental que se deriva de esa subsanación.

Esta acta **no sustituye ni modifica el acta de calificación inicial**, sino que la complementa, cerrando formalmente esa fase previa antes de avanzar en el procedimiento.

2.3.a. Fundamento jurídico

- **Artículo 141.2 de la LCSP y su reglamento de desarrollo**: permite requerir al licitador para subsanar defectos formales o documentales.

- **Disposición Adicional Duodécima de la LCSP**: los **tres días concedidos para subsanar deben computarse como días naturales**, salvo que el último día sea inhábil (que pasará al siguiente día hábil) o que expresamente se indique que se computan como días hábiles.

- **Artículo 68 de la LPACAP** (supletoriamente): sobre subsanación y mejora de las solicitudes administrativas.

2.3.b. Contenido propio del acta

a. Identificación de los requerimientos emitidos

Se debe reproducir, con claridad, la información siguiente:

- Nombre o código de los licitadores a los que se requirió subsanación.
- Fecha de emisión del requerimiento.
- Medio utilizado para su notificación (habitualmente, el Perfil de Contratante).
- Plazo otorgado: **tres días naturales (Art. 141.2 LCSP)**, expresamente indicado.

2.3.c. Documentación efectivamente presentada

En este apartado se detalla:

- Qué licitadores han presentado la subsanación.
- En qué fecha (para comprobar si están en plazo).
- Qué documentos se han aportado (con denominación, formato y número de registro, si procede).

Se puede incorporar un **cuadro sintético** para facilitar la visualización:

Licitador	Fecha de presentación	Documentos subsanados	En plazo	Valoración
A	14/10/2024	DEUC corregido	Sí	Conforme
B	No presentado	—	—	No subsana

2.3.d. Valoración jurídica de las subsanaciones

Esta es la parte sustantiva clave. La Mesa debe pronunciarse, en cada caso, sobre:

- Si la documentación presentada **cumple el defecto detectado**.

– Si persiste la omisión o si el documento subsanado resulta incoherente, ininteligible o incompleto.

– Si se ha presentado **fuera de plazo**, lo que conllevaría la imposibilidad de tenerlo en cuenta.

La valoración debe ser clara, motivada y no ambigua, pues se convierte en **base de la exclusión definitiva** en su caso.

2.3.e. Propuesta de admisión o exclusión

Como consecuencia de la valoración:

– Se propone **la admisión definitiva** de aquellos licitadores que hayan subsanado correctamente.

– Se propone **la exclusión definitiva** de quienes no hayan subsanado, lo hayan hecho fuera de plazo o incorrectamente.

Estas propuestas deberán ser ratificadas, si procede, por el Órgano de contratación en resolución expresa.

2.3.f. Cierre y continuación del procedimiento

Finalmente, el acta puede prever:

– La convocatoria de próxima sesión para la apertura del Sobre 2 o la apertura en la misma sesión.

– La publicación de resultados de la subsanación en el Perfil de Contratante.

– Si procede, remisión del expediente al Órgano de contratación para la adopción de decisiones.

2.3.g. Cláusula técnica orientativa

«Revisada la documentación presentada en el marco del requerimiento de subsanación emitido el día 10 de octubre de 2024, se constata que las entidades A y C han subsanado correctamente los defectos detectados, dentro del plazo legal de tres días naturales (Ambas entidades con fecha de 11 de octubre de 2024). La enti-

dad B no ha aportado la documentación requerida, por lo que se propone su exclusión definitiva del procedimiento, conforme a lo establecido en la Ley de Contratos del Sector Público. Se acuerda convocar nueva sesión el día 18 de octubre de 2024 para proceder a la apertura del Sobre 2».

Observaciones prácticas

- No hace falta repetir todo lo del acta anterior, pero debe quedar claro el seguimiento de lo acordado.
- Si se han recibido alegaciones sobre la subsanación, pueden adjuntarse como anexo.
- El acuerdo puede incluir advertencia expresa de que las exclusiones no son firmes hasta su confirmación por resolución del Órgano de contratación.

2.4. Acta de apertura del Sobre 2

La apertura del Sobre 2 es un momento clave porque supone el acceso a las ofertas económicas y otros criterios objetivos. El acta debe dejar constancia de este acto y garantizar la transparencia y el control del proceso.

En esta fase rigen de forma especial los principios de igualdad, publicidad y no discriminación, lo que hace que el acta tenga un valor probatorio especialmente relevante.

2.4.a. Objeto y ubicación en el procedimiento

El acta de apertura del Sobre 2 documenta:

- La celebración de la sesión de apertura (presencial o electrónica).
- La comprobación formal de las proposiciones económicas u otros criterios cuantificables sin juicio de valor.
- La publicación o exposición de dichos datos.
- Cualquier incidencia material o técnica que afecte a esta fase.

Se trata, por tanto, de una **acta de exposición y constancia**, más que de análisis o decisión, aunque en algunos supuestos se acompaña ya de **valoraciones automáticas** (por ejemplo, cuando se usa fórmula matemática directa).

2.4.b. Contenido esencial del acta

Aunque su estructura puede variar, el acta debe indicar lo siguiente:

- Identificación de los licitadores admitidos hasta ese momento.
- Enumeración de las proposiciones contenidas en el Sobre 2.
- Datos esenciales de las ofertas: importe, plazo, condiciones técnicas evaluables, etc.
- Mención al criterio de adjudicación conforme a los Pliegos.

Cuando se utilicen sistemas electrónicos automáticos de valoración, puede hacerse constar:

- El resultado de la puntuación asignada en ese acto.
- La fórmula matemática aplicada (si procede).
- Si hay empate, propuesta de aplicación de criterio de desempate.

2.4.c. Modalidad de apertura: presencial o electrónica

La ley permite la apertura **presencial con lectura pública**, o bien la **apertura telemática automatizada**, conforme a los medios del Órgano de contratación.

El acta debe reflejar expresamente:

- Si ha habido acto público y su desarrollo.
- Si ha sido una apertura automática mediante plataforma electrónica.

- Medios empleados para garantizar la trazabilidad y seguridad (sellado de tiempo, registro de acceso, validación de firma digital de ofertas).

En procedimientos abiertos simplificados (art. 159.6 LCSP), la apertura de sobres puede coincidir con la constitución de la Mesa, lo que debe constar debidamente.

2.4.d. Incidencias y observaciones

En esta fase pueden surgir múltiples incidencias que deben recogerse con claridad:

- Documentos ilegibles, en blanco o mal incorporados a la plataforma.
- Diferencias entre el importe en cifras y en letra.
- Proposiciones duplicadas o con errores de formato.
- Incoherencias entre el contenido de la oferta y lo exigido en los Pliegos.

También pueden consignarse cuestiones como:

- Alegaciones de licitadores durante la sesión.
- Aclaraciones del órgano técnico-jurídico.
- Manifestaciones de reserva o votos particulares.

2.4.e. Propuesta o resultado de puntuación (si procede)

Si se utilizan criterios cuantificables automáticamente, la Mesa puede incorporar directamente:

- La puntuación obtenida por cada licitador conforme a la fórmula prevista en el Pliego.
- La clasificación provisional ordenada por puntuación.
- Si no se dispone de todos los datos aún, puede diferirse la valoración a una sesión posterior, indicando expresamente esta decisión.

Ejemplo:

> «Se hace constar que las ofertas económicas han sido analizadas mediante la fórmula establecida en la cláusula 11 del PCAP, resultando la siguiente puntuación provisional:...».

2.4.f. Decisión de continuación del procedimiento

El acta puede cerrarse con la propuesta de:

- Convocar sesión para valoración técnica si restan criterios de juicio de valor.

- Emitir propuesta de adjudicación directa si ya se han agotado los criterios.

- Solicitar aclaraciones a licitadores, si procede conforme a lo dispuesto en los Pliegos y el artículo 149.2 LCSP.

2.4.g. Cuestiones prácticas

- Si la plataforma electrónica genera un acta automatizada, es recomendable que la Mesa apruebe una **acta complementaria formal**, que incorpore contexto, incidencias y propuestas.

- Debe evitarse la publicación en el Perfil de Contratante de datos económicos sin protección cuando puedan afectar a la confidencialidad de elementos de las ofertas.

2.4.h. Conclusión

Esta acta constituye una **garantía de publicidad y de concurrencia**, siendo especialmente sensible desde el punto de vista de la transparencia. La forma en que se documente esta fase puede condicionar la defensa jurídica del procedimiento en caso de recurso, por lo que se recomienda **precisión en la transcripción de datos y una redacción que preserve la trazabilidad de las ofertas** desde su presentación hasta su valoración.

2.5. Acta de aceptación o no del informe técnico

La incorporación de informes técnicos de valoración en los procedimientos de contratación con criterios sujetos a juicio de valor es una práctica habitual. Sin embargo, la **aceptación de dichos informes por parte de la Mesa de contratación no es automática** ni meramente formal: el órgano colegiado debe **deliberar, valorar y, en su caso, pronunciarse expresamente sobre su adecuación, solvencia y conformidad** con los Pliegos y el interés público.

El acta que recoge esta deliberación constituye una **pieza clave para la trazabilidad del procedimiento** y la defensa del mismo ante eventuales recursos.

2.5.a. Objeto del acta

Esta acta tiene por finalidad **documentar el análisis y la decisión adoptada por la Mesa de contratación en relación con el informe técnico recibido**, pudiendo concluir en:

- Su aceptación total.

- Su aceptación parcial con matizaciones.

- Su no aceptación, con propuesta de valoración alternativa.

La Mesa **no actúa como órgano de ratificación mecánica**, sino que debe ejercer una **función de control de legalidad, coherencia técnica y adecuación a los Pliegos**.

2.5.b. Referencias al informe técnico

El acta debe identificar de forma precisa:

- Autoría del informe (unidad, servicio o personal técnico).

- Fecha de emisión.

- Criterios valorados.

- Puntuaciones otorgadas y justificación técnica.

- Medio de incorporación al expediente (adjunto, electrónico, etc.).

Esta referencia permite **vincular documentalmente el análisis que realiza la Mesa** con el contenido técnico previamente emitido.

2.5.c. Deliberación interna y criterios de análisis

La Mesa debe dejar constancia de los criterios que ha tenido en cuenta para analizar el informe, por ejemplo:

- Concordancia con los Pliegos.

- Coherencia interna de las puntuaciones.

- Ausencia de contradicciones, errores materiales o falta de motivación.

- Observaciones sobre proporcionalidad o razonabilidad técnica.

No se trata de sustituir el criterio técnico, pero sí de verificar su **adecuación formal y sustantiva al marco normativo y contractual**.

2.5.d. Resultado de la aceptación

El acta debe reflejar una conclusión clara:

- «*Se acepta íntegramente el informe técnico emitido por [servicio técnico X] de fecha [dd/mm/aaaa], al considerar que cumple con los principios de motivación, proporcionalidad y adecuación a los Pliegos*».

- «*Se acepta el informe con las siguientes observaciones: [descripción de reservas técnicas menores o recomendaciones]*».

- «*No se acepta el informe técnico, al apreciarse [justificación detallada], y se propone valorar nuevamente los criterios conforme a [criterio alternativo o designación de nuevo evaluador]*».

Toda **discrepancia debe estar debidamente fundada y no puede basarse en impresiones subjetivas** ni en simples diferencias de criterio.

2.5.e. Trascendencia jurídica del acuerdo

La decisión de aceptar o no el informe tiene un impacto directo sobre:

- La clasificación de los licitadores.
- La propuesta de adjudicación.
- La motivación de las resoluciones posteriores.
- La defensa del expediente en caso de recurso especial en materia de contratación.

Por tanto, esta acta **no es un trámite menor**, sino un documento de elevado valor probatorio y decisional.

2.5.f. Observaciones adicionales

- Si la Mesa acepta el informe con reservas, puede proponer **aclaraciones al órgano técnico** antes de su remisión definitiva.
- En caso de rechazo, debe constar si se encargará **nuevo informe** o si se asumirá la valoración directamente por la Mesa.
- Se recomienda indicar si el informe fue remitido **en plazo y forma**, conforme a lo previsto en los Pliegos o instrucciones internas.

2.5.g. Consideraciones prácticas

- La motivación de esta acta debe ser **más extensa y argumentada cuanto mayor sea la puntuación atribuida o la diferencia entre licitadores.**
- Es recomendable que, si existen observaciones técnicas o jurídicas internas, se recojan en acta de forma **expresa y razonada**, evitando enunciados genéricos.
- La falta de acta o de motivación puede ser **objeto de anulación por parte de los órganos de control o Tribunales administrativos.**

El informe elaborado por la comisión de valoración será objeto de publicación en el perfil del contratante junto con el acta.

2.5.h. Propuesta de continuación

Con base en la valoración técnica, la Mesa puede:

- Emitir una **clasificación provisional** con sumatorio de puntuaciones.

- Convocar sesión de apertura del Sobre 3 (si lo hay) o emitir propuesta de adjudicación, o bien, realizar la apertura del Sobre 3 en la misma sesión si se aprueba el informe de valoración.

- Proponer nuevas aclaraciones, si existe ambigüedad técnica susceptible de precisión.

2.5.i. Conclusión

La aceptación o rechazo del informe técnico **debe quedar documentada en acta expresa, con claridad, motivación y rigor técnico**, a fin de preservar la legalidad, la transparencia y la coherencia procedimental. Esta acta permite a la Mesa de contratación ejercer su función de **órgano de control y supervisión de la valoración**, asegurando que los informes se ajustan a los criterios establecidos en los Pliegos y al interés general.

2.6. Acta de apertura del Sobre 3: criterios automáticos

2.6.a. Finalidad

El Sobre 3 contiene la documentación relativa a los criterios evaluables mediante fórmulas automáticas, siendo estos comúnmente de carácter económico (precio ofertado), pero también pueden incluir otros como plazos de ejecución, garantías técnicas, compromisos adicionales u otros criterios cuantificables sin intervención de juicio de valor, conforme a lo dispuesto en los Pliegos de cláusulas administrativas particulares.

La apertura del Sobre 3 constituye un acto formal del procedimiento, habitualmente realizado en sesión pública, conforme a los principios de transparencia, concurrencia y trazabilidad, y debe documentarse en un acta específica que refleje:

- La identidad de los licitadores cuyas ofertas se abren.
- Las ofertas económicas y demás criterios cuantificables presentados.
- Las fórmulas aplicadas y el resultado final de la puntuación obtenida.
- La clasificación provisional resultante.

Esta sesión tiene lugar una vez finalizada la evaluación de los criterios subjetivos (Sobre 2), salvo que el procedimiento haya previsto apertura simultánea por tratarse únicamente de criterios objetivos.

2.6.b. Contenido mínimo del acta

El acta de apertura del Sobre 3 debe recoger, al menos:

- Identificación del expediente y objeto de contrato.
- Fecha, hora y lugar de celebración de la sesión.
- Relación de miembros de la Mesa asistentes.
- Identificación de los licitadores cuyos sobres se abren (aquellos admitidos en fases anteriores).
- Relación de las ofertas económicas y de otros criterios automáticos presentados.
- Explicación de las fórmulas aplicadas y resultado de las puntuaciones.
- Clasificación provisional en función de la suma total de criterios objetivos y subjetivos, si procede.
- Cierre de la sesión con indicación de los siguientes pasos.

2.6.c. Valor probatorio y conexión con la adjudicación

Esta acta no constituye aún la propuesta de adjudicación, pero es fundamental como antecedente de la misma. Los datos recogidos en esta sesión sirven para:

- Confirmar la oferta más ventajosa conforme al Pliego.

- Completar la clasificación final.

- Integrar los resultados en la posterior acta de propuesta de adjudicación (art. 150 LCSP).

Debe ser firmada electrónicamente y su contenido se integra como parte del expediente administrativo.

2.6.d. Observaciones operativas

- Si alguna oferta presenta errores aritméticos, debe reflejarse expresamente y aplicarse lo previsto la LCSP.

- En caso de empate entre licitadores, el acta puede anticipar el mecanismo de desempate, aunque su desarrollo deberá recogerse en la propuesta formal posterior.

- La Mesa no puede modificar las fórmulas establecidas en Pliegos ni introducir elementos de valoración no previstos.

2.6.e. Consideraciones prácticas

- **Claridad en la transcripción de los importes**: las ofertas económicas deben transcribirse sin errores ni ambigüedades, indicando con precisión el importe sin IVA, el tipo impositivo y el total con impuestos, si procede.

- **Trazabilidad en el uso de fórmulas**: se debe detallar la fórmula matemática exacta utilizada, tal y como aparece en el PCAP, y aplicar sus parámetros con transparencia. Es muy aconsejable que el cálculo sea reproducible por un tercero, evitando manipulaciones o interpretaciones técnicas no previstas.

- **Tabla resumen como buena práctica**: incluir un cuadro con las puntuaciones obtenidas por cada licitador en los criterios automáticos facilita la revisión interna, la comprensión por parte de terceros y la defensa frente a posibles recursos.

- **Acto público y grabación**: si se trata de un acto público, debe indicarse expresamente en el acta que se ha grabado, se ha leído en voz alta cada oferta y que los licitadores presentes han podido formular observaciones.

- **Documentación accesoria**: si junto con la oferta económica se presentan mejoras técnicas valorables de forma automática, debe hacerse mención expresa de ellas y del resultado de su puntuación.

- **Publicidad posterior**: esta acta se publicará en el Perfil del Contratante, además incluirá aquella información susceptible de generar efectos jurídicos como clasificación provisional o apertura de plazo de recurso.

2.6.f. Integración del acta de apertura del Sobre 3 y la propuesta de adjudicación

En determinadas circunstancias, es posible agrupar en un único documento el contenido propio del acta de apertura del Sobre 3 y el acta de propuesta de adjudicación. Esto es especialmente procedente en los siguientes casos:

- Procedimientos simplificados o abiertos con criterios exclusivamente automáticos, donde toda la valoración se realiza mediante fórmulas.

- Cuando el plazo entre la apertura del Sobre 3 y la propuesta de adjudicación es inmediato, y la Mesa está en condiciones de valorar y verificar los requisitos para elevar la propuesta sin dilación.

- Cuando los criterios subjetivos (Sobre 2) ya han sido evaluados y únicamente restan por abrir y valorar los criterios objetivos del Sobre 3, cuyo resultado define automáticamente la clasificación final.

En estos supuestos, la Mesa puede, en la misma sesión, y así debe reflejarse en el acta:

- Abrir y leer públicamente las ofertas económicas y cuantificables.

- Aplicar las fórmulas y calcular las puntuaciones.

- Comprobar que la oferta más ventajosa cumple con los requisitos exigidos.

- Acordar el requerimiento previo del artículo 150.2 de la LCSP.

- Formular la propuesta formal de adjudicación.

No obstante, esta integración exige máxima claridad en la redacción, para evitar confusión entre los distintos actos jurídicos documentados. En el acta deberá establecerse una estructura diferenciada que distinga:

- Un **primer bloque** con la apertura del Sobre 3 y resultados.

- Un **segundo bloque** con la valoración global y clasificación.

- Un **tercer bloque** con la propuesta de adjudicación y el requerimiento previo.

Consideraciones adicionales

- La posibilidad de unificar ambas actuaciones en una misma acta no exime de su motivación individualizada, ni de respetar los tiempos mínimos de deliberación cuando existan criterios evaluables mediante juicio de valor.

- Debe dejar constancia expresa de que se cumplen todos los requisitos y que no hay impedimentos legales para formular la propuesta en ese mismo acto.

- En caso de renuncia del licitador propuesto, esta acta permite activar directamente el requerimiento al siguiente clasificado.

2.6.g. Conclusión

El acta de apertura del Sobre 3 constituye una pieza documental estratégica en el procedimiento de adjudicación. Si bien no tiene por sí sola valor resolutivo, conecta de forma directa la evaluación técnica con la decisión final, ya que en ella se consolidan los datos objetivos que, sumados a los subjetivos, determinarán la clasificación de los licitadores.

2.7. Acta de propuesta de mejor oferta

El acta de propuesta de mejor oferta es el documento en el que la Mesa recoge la valoración final y propone al licitador con mejor oferta en el contrato.

Este documento conecta la fase de evaluación y aplicación de fórmulas con la propuesta de adjudicación.

2.7.a. Objeto del acta

La finalidad de esta acta es **elevar al Órgano de contratación una propuesta motivada** para que solicite al licitador que haya presentado la oferta más ventajosa la documentación previa a la adjudicación, según los criterios establecidos en los Pliegos y conforme al artículo **150 de la LCSP**.

El acta no supone aún la adjudicación, pero es un trámite esencial que condiciona la propuesta de adjudicación.

2.7.b. Resultado final de la valoración

El acta debe recoger:

- La **puntuación total obtenida por cada licitador**.
- El **orden de clasificación final**, identificando al licitador mejor puntuado.
- Si se ha producido **empate**, y cómo se ha resuelto conforme al PCAP.

Conviene añadir un cuadro resumen con las puntuaciones, diferenciando criterios objetivos y subjetivos, para facilitar la consulta.

2.7.c. Comprobación de requisitos previos

Esta acta se genera antes de proponer la adjudicación, la Mesa debe solicitador del licitador la documentación que acredite que tiene capacidad de obrar, la habilitación profesional exigida, que cumple con la solvencia y que no incurre en prohibiciones para contratar.

Si estos extremos ya fueron acreditados en fases previas y no han variado, puede hacerse mención expresa de ello en el acta.

Conforme al **artículo 150.2 de la LCSP**, la Mesa debe indicar expresamente que **procede requerir al licitador propuesto** para que, en el plazo de diez días hábiles, presente:

– La documentación acreditativa definitiva de su aptitud.

– La garantía definitiva, si se exige.

– Justificante de hallarse al corriente en obligaciones tributarias y con la Seguridad Social.

– Declaración responsable actualizada, si se requiere.

– Demás documentación obrante en el procedimiento y que venga así dispuesto en el PCAP.

Este requerimiento es previo a la propuesta de adjudicación y debe constar en el acta el condicionamiento referente a la presentación de la documentación.

2.7.d. Observaciones y reservas

El acta puede recoger:

– Incidencias técnicas o formales observadas.

– Aclaraciones formuladas por los miembros de la Mesa.

– Cualquier observación respecto al desarrollo del proceso evaluador.

También puede dejar constancia de posibles **revisiones técnicas** si se detectan errores materiales en puntuaciones previas.

2.7.e. Propuesta formal de adjudicación

El cuerpo central del acta debe incorporar una fórmula como la siguiente:

> *«Examinadas y valoradas todas las proposiciones conforme a los criterios establecidos en el Pliego de cláusulas administrativas particulares, se propone elevar al Órgano de contratación como la oferta que reúne la mejor relación calidad precio, la presentada por la entidad [Nombre del licitador], por un importe de [importe total], IVA incluido, que ha obtenido una puntación de [puntuación total]».*

2.7.f. Publicidad y efectos

– El contenido del acta de propuesta de mejor oferta debe **publicarse en el Perfil de Contratante**, de forma simultánea a la notificación del requerimiento del artículo 150.2 LCSP.

– **No genera derechos adquiridos**, pero sí **esperanza legítima de adjudicación** para el licitador propuesto.

Por ello, debe ser extremadamente rigurosa en cuanto a motivación y claridad de clasificación.

2.7.g. Consideraciones prácticas

– El acta debe ser **muy clara en la diferenciación entre propuesta de mejor oferta y propuesta de adjudicación**, para evitar impugnaciones por apariencia de decisión anticipada.

– Es aconsejable no referirse a la entidad con mejor oferta como adjudicataria, sino como *«licitador propuesto con mejor oferta»*.

– En caso de renuncia del propuesto, el acta debe prever **la posibilidad de requerir al siguiente clasificado**.

2.7.h. Conclusión

El acta de propuesta de mejor oferta **no es un acto final, pero sí estratégico**, y por tanto debe reunir los elementos de claridad, motivación y legalidad propios de un documento decisivo. Es la **antesala del acto de propuesta de adjudicación** y, por tanto, debe reflejar de manera transparente y exhaustiva **cómo se ha llegado a la conclusión de que una oferta es la más ventajosa**, garantizando la defensa jurídica del procedimiento.

2.8. Acta de comprobación de documentación previa y propuesta de adjudicación

2.8.a. Objeto del acta

La finalidad de esta acta es documentar la comprobación por parte de la Mesa de Contratación de la documentación presentada por el licitador propuesto tras el requerimiento efectuado conforme al artículo 150.2 de la LCSP.

Se trata de una sesión posterior a la propuesta de mejor oferta, en la que la Mesa debe verificar que la entidad propuesta cumple con:

- Capacidad de obrar.
- Habilitación profesional.
- Solvencia económica y técnica.
- No incursión en prohibiciones para contratar.
- Constitución de la garantía definitiva.
- Hallarse al corriente en obligaciones tributarias y con la Seguridad Social.
- Declaraciones responsables actualizadas, si procede.

Este acto es previo e imprescindible para que el Órgano de contratación dicte la resolución de adjudicación definitiva.

2.8.b. Contenido mínimo del acta

El acta debe incluir los siguientes elementos:

- Identificación del expediente y de la sesión.
- Relación de miembros de la Mesa asistentes.

- Referencia expresa al requerimiento previo (fecha, canal y contenido).
- Relación detallada de los documentos presentados por el licitador.
- Verificación individualizada del cumplimiento de los requisitos exigidos.
- Resultado de la revisión (favorable o desfavorable).
- En su caso, acuerdo de requerimiento de subsanación por errores u omisiones no esenciales.
- Si la documentación es conforme, elevación de propuesta de adjudicación.

2.8.c. Efectos jurídicos

El contenido de esta acta:

- No supone aún la adjudicación, pero habilita jurídicamente al Órgano de contratación para dictar resolución de adjudicación.
- Actúa como garantía de legalidad y validez del procedimiento, y como prueba de que el propuesto como adjudicatario cumple los requisitos previos.
- Su contenido puede ser impugnado en sede de recurso especial si se considera que se ha propuesto la adjudicación indebidamente.

2.8.d. Consideraciones prácticas

- **Plazo de presentación**: el artículo 150.2 LCSP establece 10 días hábiles desde el requerimiento. Este cómputo debe constar expresamente en el acta y, si ha sido prorrogado por causas justificadas, debe documentarse.
- **Actuación por medios electrónicos**: tanto el requerimiento como la presentación documental deben realizarse a través del perfil electrónico del licitador. El acta debe hacer constar la recepción digital y la trazabilidad.

- **Subsanación**: si hay defectos subsanables, debe concederse un plazo no superior a 3 días naturales, conforme a la Disposición Adicional Duodécima LCSP. El acta debe advertir expresamente de la posibilidad de exclusión si no se subsana.

- **Verificación documental con fuentes oficiales**: es recomendable comprobar los certificados directamente a través de plataformas oficiales (REO, ROLECE, SILCON, etc.), y dejar constancia de ello.

- **Coherencia con el expediente**: cualquier documento ya aportado o vigente en otra fase debe mencionarse si se considera válido, evitando duplicidades.

Ejemplo:

> *«Examinada la documentación previa presentada por la entidad propuesta como mejor oferta, conforme a los criterios establecidos en el Pliego de cláusulas administrativas particulares, se propone elevar al Órgano de contratación como adjudicataria la entidad [Nombre del licitador propuesto], por un importe de [importe total], IVA incluido».*

2.8.e. Conclusión

El acta de comprobación de documentación previa y propuesta de adjudicación es una pieza técnica clave en el procedimiento de contratación pública. Asegura que la adjudicación se realiza a un licitador plenamente apto y conforme con los requisitos del contrato, garantizando así la legalidad del procedimiento y la seguridad jurídica del acto resolutorio posterior.

2.9. Acta de resolución de empates

El supuesto de **empate entre ofertas** en un procedimiento de contratación pública plantea una situación especialmente sensible desde el punto de vista jurídico. La **igualdad exacta en la puntuación total** obliga a activar los mecanismos de desempate previstos en los Pliegos o, en su defecto, los establecidos por defecto en la propia LCSP.

La **acta de resolución de empates** debe dejar constancia de este acontecimiento singular y de las **decisiones adoptadas por la Mesa para deshacer el empate conforme a los principios de legalidad, motivación y transparencia.**

2.9.a. Objeto del acta

Esta acta tiene por objeto:

- Documentar la existencia de un **empate en la puntuación total de las ofertas.**
- Determinar el **orden de prelación entre las ofertas empatadas.**
- Dejar constancia de la **aplicación de los criterios de desempate previstos.**

El acto documentado puede tener lugar en una sesión específica o integrarse en otra acta (por ejemplo, la de propuesta de adjudicación), si así se considera adecuado.

2.9.b. Identificación del empate

El acta debe señalar expresamente:

- Las entidades licitadoras afectadas por el empate.
- La puntuación total obtenida por cada una.
- Criterios de valoración empleados.
- Confirmación de que se trata de un **empate real en la suma total**, no solo parcial en algún criterio.

Es importante acreditar que se ha revisado correctamente el cálculo de puntuaciones para **descartar errores materiales** antes de aplicar mecanismos de desempate.

2.9.c. Criterios de desempate aplicados

Según el **artículo 147 de la LCSP,** en caso de empate se aplicarán, por este orden:

1. Los criterios previstos en los Pliegos.

2. Si persiste el empate:

  » **Preferencia de adjudicación a favor de entidades con criterios sociales**, medioambientales o de fomento de la igualdad, conforme al artículo 147.2 LCSP.

La Mesa debe **indicar expresamente el criterio aplicado y su fundamento**, así como justificar por qué no se ha aplicado otro.

2.9.d. Documentación acreditativa (si procede)

Si se aplica un criterio social de desempate (por ejemplo, empresa con mayor porcentaje de trabajadores con discapacidad), el acta debe indicar:

- Documentación presentada para acreditar tal condición.

- Fecha de presentación o de requerimiento.

- Valoración positiva o negativa de su validez.

Este punto ayuda a dejar clara la motivación de la decisión.

2.9.e. Resolución del empate y efectos

Una vez aplicado el criterio de desempate, el acta debe indicar con claridad:

- Qué licitador se considera preferente.

- Qué efecto tiene esa preferencia en la **propuesta de adjudicación**.

- Si se produce algún cambio en la **clasificación final provisional**.

Ejemplo:

> *«Aplicado el criterio de mayor puntuación en los criterios evaluables automáticamente, se resuelve el empate en favor de la entidad [X], que pasa a ocupar la primera posición de la clasificación».*

2.9.f. Observaciones procedimentales

– Si no existe previsión de criterios de desempate en los Pliegos y ninguno de los previstos legalmente permite deshacer el empate, puede recurrirse al sorteo como última opción, dejando constancia en el acta y, preferiblemente, en sesión pública.

– Debe evitarse cualquier criterio arbitrario o no previsto previamente, so pena de nulidad del procedimiento.

2.9.g. Consideraciones técnicas

– Es **altamente recomendable** que los Pliegos establezcan criterios de desempate claros, objetivos y graduables, para evitar tener que aplicar los subsidiarios legales.

– La **motivación de la decisión es esencial**, ya que este tipo de acuerdos son especialmente sensibles ante recursos por vulneración del principio de igualdad.

– En procedimientos con criterios sociales, se aconseja requerir **acreditación documental previa**, incluso desde la presentación de ofertas, si se prevé su aplicación como posible desempate.

2.9.h. Conclusión

La resolución de empates debe documentarse con especial cuidado para evitar posibles impugnaciones por trato desigual.

2.10. Acta de retirada, renuncia o desistimiento

Las **actas de incidencias o actos intermedios** documentan hechos relevantes o decisiones adoptadas en el transcurso del procedimiento que **no se corresponden directamente con fases predefinidas del proceso de licitación** (como las de constitución, valoración o adjudicación), pero que pueden tener **impacto jurídico o técnico en el expediente**.

Estas actas no son obligatorias, pero resultan convenientes cuando surgen incidencias que deben quedar reflejadas formalmente, tanto para control interno como externo.

2.10.a. Objeto del acta

Estas actas tienen como objetivo:

- Documentar **interrupciones, suspensiones o reanudaciones del procedimiento**.

- Registrar **acuerdos adoptados por la Mesa fuera del esquema habitual**.

- Dejar constancia de **aclaraciones solicitadas o recibidas**.

- Incorporar **reparos, advertencias o manifestaciones relevantes** formuladas por miembros de la Mesa, órganos técnicos o jurídicos.

Su elaboración responde a un principio de **prudencia procedimental** y refuerza la trazabilidad documental del expediente.

2.10.b. Supuestos típicos de aplicación

Entre las situaciones que justifican la emisión de este tipo de actas, cabe destacar:

- Suspensión del procedimiento por decisión del Órgano de contratación (ej. por error en los Pliegos o necesidad de aclaraciones).

- Aclaración de criterios interpretativos del PCAP o del PPT, a solicitud de los licitadores o de la propia Mesa.

- Recepción de informes externos no vinculantes (consultas a servicios jurídicos, informes de órganos de control, etc.).

- Declaración de desierto del procedimiento, previo a la adjudicación.

- Detección de errores materiales en fases anteriores y propuesta de subsanación.

- Comparecencias voluntarias o informativas de técnicos externos ante la Mesa.
- Anotación de **discrepancias internas**, votos particulares o abstenciones significativas.

2.10.c. Estructura y redacción

La estructura debe adaptarse a la casuística concreta, pero en general debe incluir:

- Identificación de la sesión y fecha.
- Exposición clara y cronológica de los hechos o decisiones.
- Referencia normativa o contractual, si procede.
- Propuesta o acuerdo adoptado (incluso si se trata de una mera toma de conocimiento).
- Advertencia, si procede, de que se comunicará al Órgano de contratación o a los interesados.

La redacción debe ser objetiva, precisa y técnicamente neutra, evitando juicios de valor innecesarios.

2.10.d. Valor jurídico del acta

Aunque este tipo de acta no se refiere a decisiones terminales o estructurales del procedimiento, **tiene pleno valor probatorio** en caso de revisión, control o impugnación. Constituye prueba documental de lo actuado, refuerza la seguridad jurídica del expediente y protege a los miembros del órgano colegiado ante interpretaciones erróneas o silencios procedimentales.

2.10.e. Criterios técnicos para su emisión

Se recomienda emitir este tipo de actas siempre que:

- Exista una **incidencia relevante o singular** que afecte al curso normal del procedimiento.
- Haya un **cambio sobre lo previsto inicialmente** en el calendario, contenido o desarrollo del expediente.

- Se produzcan **manifestaciones formales o técnicas que, aunque no alteren el fondo, conviene dejar reflejadas por su trascendencia potencial.**

En caso de duda, se aconseja **pecar por exceso de documentación**, evitando dejar sin constancia hechos potencialmente impugnables.

2.10.f. Conclusión

Las actas de incidencias o actos intermedios constituyen un **instrumento de garantía y trazabilidad** en procedimientos de contratación pública. Aportan **valor jurídico añadido**, fortalecen la defensa del expediente y consolidan una práctica de transparencia documental alineada con los principios rectores del procedimiento administrativo. Su uso prudente y técnicamente fundamentado es una muestra de buena administración.

2.11. Acta de declaración desierta del procedimiento

La declaración de un procedimiento de contratación como **desierto** es una posibilidad prevista en la Ley de Contratos del Sector Público que, si bien no constituye una adjudicación, sí representa un **acto finalizador con efectos jurídicos sustanciales**. El acta correspondiente debe reflejar con precisión las **causas objetivas que motivan la declaración**, su fundamento normativo y los efectos procedimentales que conlleva.

Esta decisión puede responder a una **ausencia de licitadores**, a la **inadmisión de todas las ofertas** por incumplimiento de requisitos, o a que **todas las proposiciones hayan sido rechazadas por inadecuadas o inaceptables.**

2.11.a. Objeto del acta

El objetivo de esta acta es dejar constancia de:

- La **inexistencia de ofertas válidas o admisibles**.
- La **propuesta formal de declarar desierto el procedimiento**, para su remisión al Órgano de contratación.

- Las **causas jurídicas** que justifican dicha propuesta.
- Cualquier consecuencia o medida complementaria (ej. nueva convocatoria, reformulación del expediente...).

2.11.b. Supuestos que justifican la declaración

El acta debe identificar cuál de los supuestos siguientes concurre:

- No se ha presentado ninguna proposición.
- Se han inadmitido todas las proposiciones por defectos insubsanables, como falta de capacidad, documentación incompleta o incumplimiento de solvencia.
- Todas las ofertas han sido rechazadas por no cumplir las especificaciones del Pliego.
- Todas son inadecuadas o inaceptables conforme a la LCSP, lo cual debe **motivarse expresamente**.

En todos los casos, debe acreditarse documentalmente el motivo, con referencia a los actos de calificación o de evaluación técnica. La propuesta de declaración de desierto se fundamentará en la **ausencia de ofertas válidas o admisibles conforme a lo previsto en la Ley de Contratos del Sector Público**, aunque **la ley no regula expresamente** un artículo específico para esta declaración en procedimientos abiertos, siendo una consecuencia inherente al procedimiento administrativo de licitación.

2.11.c. Fundamento normativo

El fundamento legal de esta propuesta debe basarse en la **interpretación sistemática del procedimiento de licitación contenido en la LCSP,** conforme a los principios generales del procedimiento administrativo común. Aunque la **LCSP no contiene un precepto específico que regule de forma expresa la declaración de desierto en procedimientos abiertos,** esta situación es admitida doctrinalmente y en la práctica administrativa, **cuando concurren causas objetivas**, como la **ausencia total de ofertas**, o la **inadmisión de todas ellas.**

Este acto no requiere adjudicación ni acto resolutorio de inadmisión de ofertas por separado: basta con dejar constancia motivada de la causa.

2.11.d. Propuesta de declaración

El cuerpo central del acta debe contener una fórmula del tipo:

*«A la vista de que ninguna de las ofertas presentadas cumple con los requisitos exigidos en el Pliego de cláusulas administrativas particulares, y tras el análisis de los informes de valoración técnica, se propone al Órgano de contratación la **declaración de desierto del procedimiento**, al no concurrir ofertas válidas ni admitidas conforme a los criterios establecidos en los Pliegos, y a la vista de lo actuado en el expediente».*

Este texto debe adaptarse a la causa específica de inadmisión o rechazo.

2.11.e. Efectos procedimentales

El acta puede dejar constancia de las consecuencias inmediatas, tales como:

– Decisión del Órgano de contratación de **no continuar con el expediente** o bien, r**eformulación de Pliegos y nueva convocatoria**.

– Comunicación a los interesados, con efectos suspensivos o de archivo.

– Informe a instancias superiores o órganos de fiscalización, si procede.

2.11.f. Observaciones prácticas

– Conviene no confundir la declaración de desierto con la anulación o renuncia de la licitación, que son supuestos diferentes.

– En caso de **existencia de licitadores excluidos**, debe motivarse por qué **ninguna oferta ha resultado admisible**.

– Si se plantea una **nueva licitación**, puede constar en el acta la voluntad del Órgano de contratación de **revisar criterios técnicos o condiciones contractuales**.

2.11.g. Conclusión

El acta de declaración desierta del procedimiento representa un **acto procedimental final con efectos jurídicos sustantivos**, que debe estar correctamente fundamentado, ser claro en la exposición de los motivos y reflejar los efectos posteriores. Constituye una **garantía de transparencia, buena administración y eficiencia en la gestión contractual**, especialmente cuando concurren situaciones de ausencia de competencia o inadecuación técnica de las ofertas.

Consideración final

Cada tipo de acta debe adaptarse a su función específica, pero manteniendo una **estructura homogénea**, un lenguaje preciso y una coherencia documental que permita su incorporación válida al expediente electrónico. La calidad de las actas incide directamente en la **seguridad jurídica del contrato**, en su control y en su defensa frente a posibles recursos o revisiones.

3. Protección de datos y transparencia en las actas

3.1. Conflictos entre publicidad y transparencia

El **contenido de las actas de los órganos colegiados**, como la Mesa de contratación, se encuentra en una **zona de fricción normativa** entre dos principios fundamentales:

– El **principio de publicidad**, propio del régimen de contratación pública, orientado a garantizar la transparencia, el control ciudadano y la rendición de cuentas.

- El **derecho fundamental a la protección de datos personales**, reconocido en el **artículo 18.4 de la Constitución Española**, y desarrollado por el **Reglamento (UE) 2016/679 (RGPD)** y la **Ley Orgánica 3/2018, de Protección de Datos Personales y garantía de los derechos digitales (LOPDGDD)**.

Este conflicto se acentúa especialmente cuando las actas son objeto de publicación en el **Perfil de contratante**, en procedimientos con múltiples participantes o cuando contienen referencias a personas físicas.

3.1.a. Marco normativo aplicable

Contratación Pública

- Ley 9/2017, de Contratos del Sector Público (LCSP)

- Artículo 63: obligación de publicidad en el Perfil de Contratante.

- Artículo 154.2: publicación de la formalización.

- Disposición adicional 15.ª: protección de datos personales.

Protección de Datos

- Reglamento General de Protección de Datos (RGPD)

- Art. 5.1.c: principio de minimización.

- Art. 6.1.c y e: licitud del tratamiento por obligación legal o interés público.

- Ley Orgánica 3/2018 de protección de datos y garantía de los derechos digitales (LOPDGDD)

- Art. 11: transparencia e información al afectado

- Art. 13: derecho de acceso.

Acceso a la información pública

- Ley 19/2013, de Transparencia, Acceso a la Información Pública y Buen Gobierno (LTAIBG)

– Art. 14: protección de datos como límite al derecho de acceso.

– Art. 15: se garantizará el anonimato de datos personales no relevantes.

3.1.b. Jurisprudencia y doctrina

La doctrina del **Consejo de Transparencia y Buen Gobierno** y diversas resoluciones de las **autoridades autonómicas de protección de datos** han perfilado una interpretación restrictiva:

– No debe publicarse el **DNI, firma, teléfono, dirección electrónica, situación personal o económica** del personal ni de licitadores.

– En procedimientos con personas físicas como licitadores (ej. profesionales autónomos), debe aplicarse la **anonimización total o parcial**, salvo que los datos sean relevantes para justificar la adjudicación.

El **artículo 14 de la Ley 19/2013,** impone una ponderación caso por caso entre los principios de publicidad y protección de datos.

3.1.c. Principios de ponderación

La clave está en aplicar correctamente la **ponderación normativa** entre:

– **La finalidad de transparencia del procedimiento** (publicar la información necesaria para garantizar el control y conocimiento público del proceso).

– **La protección de datos personales no necesarios o excesivos**, especialmente cuando afectan a personas físicas o incluyen categorías especiales.

Para ello, se aplican los **principios de idoneidad, necesidad y proporcionalidad**:

– ¿Es imprescindible ese dato concreto para entender o justificar el procedimiento?

- ¿Puede expresarse con menor nivel de identificación?
- ¿Existe una base legal expresa que justifique su difusión íntegra?

3.1.d. Conclusión

Las actas de órganos colegiados deben redactarse y publicarse garantizando la transparencia, pero protegiendo a la vez los datos personales que no sean necesarios para el procedimiento. El equilibrio debe lograrse mediante técnicas como la **anonimización, disociación o minimización de datos**, lo que se analizará en el siguiente epígrafe.

3.2. Anonimización de datos personales: criterios técnicos

3.2.a. Concepto de anonimización

La anonimización consiste en transformar los datos personales de manera que ya no puedan vincularse con una persona concreta.

No debe confundirse con la seudonimización, que sustituye los datos por claves, aunque permite su reidentificación si se dispone del código (por ejemplo, mediante un código interno).

En el ámbito de la contratación pública, la anonimización es esencial para la **publicación de actas sin vulnerar la normativa de protección de datos**.

3.2.b. Criterios de la AEPD y guías técnicas

La Agencia Española de Protección de Datos (AEPD) y el Comité Europeo de Protección de Datos (CEPD) han establecido los siguientes principios para una anonimización efectiva:

- **Supresión total de identificadores directos**: nombre, apellidos, DNI, correo electrónico, firma manuscrita, etc.

- **Revisión de identificadores indirectos**: datos que, combinados, permiten inferir la identidad (ej. localidad + cargo + puntuación individualizada).

- **Evaluación del contexto de publicación**: en qué entorno se publica el documento, con qué otros datos pueden cruzarse, y a quién va dirigido.

3.2.c. Criterios prácticos para redactar las actas

En la elaboración y publicación de actas de órganos colegiados, especialmente las que se publican en el Perfil de Contratante, deben seguirse las siguientes pautas:

Datos a ocultar o anonimizar

- DNI y cualquier documento identificativo numérico.

- Teléfonos, correos personales, direcciones postales.

- Datos de salud o situación familiar (en criterios sociales, por ejemplo).

- Firma manuscrita escaneada.

- Referencias a nombres de trabajadores concretos si no son parte interesada directa.

- Cualquier dato no necesario para la finalidad de publicidad y trazabilidad.

Datos que pueden mantenerse, previa ponderación

- Nombre o razón social de empresas licitadoras.

- Nombre de representantes legales cuando consten en el Registro Mercantil.

- Códigos internos de expediente.

- Puntuaciones globales y parciales, siempre que no permitan identificar a personas físicas sin necesidad.

3.2.d. Técnicas operativas de anonimización

– **Redacción por iniciales genéricas**: *«la entidad licitadora A», «el representante designado»*, etc.

– **Sustitución por categorías**: *«microempresa», «profesional autónomo».*

– **Bloqueo visual**: uso de herramientas digitales para ocultar datos en el PDF original.

– **Extracción de datos personales a documento separado no publicable**, accesible solo en sede interna o ante petición motivada.

Ejemplo práctico:

> **Incorrecto**: *«Se concede la mayor puntuación a Juan García López (NIF: 12345678A), representante de la empresa...».*
> **Correcto**: *«Se concede la mayor puntuación a la entidad licitadora A, representada por su apoderado conforme a la documentación obrante en el expediente».*

3.2.e. Obligación legal y responsabilidad

La **responsabilidad activa del Órgano de contratación** implica que debe prever, desde el inicio del expediente, cómo se tratarán los datos personales. La **LCSP** exige respetar el marco normativo de protección de datos en todo el proceso, incluida la publicidad documental.

Además, el órgano tiene la obligación de **valorar si el acceso o publicación puede sustituirse por una versión anonimizada**, especialmente en procedimientos con presencia de personas físicas.

3.2.f. Conclusión

La anonimización no es solo una técnica formal, sino una **exigencia legal derivada de la protección de datos y del principio de minimización**. Su aplicación rigurosa permite **garantizar la transparencia de los procedimientos sin**

comprometer los derechos fundamentales de las personas. La correcta redacción de las actas debe prever estos criterios desde su fase inicial, y no solo en el momento de su publicación.

PARTE III

GESTIÓN ELECTRÓNICA Y ARCHIVO

1

VALIDEZ JURÍDICA DE LA FIRMA DIGITAL DEL ACTA

1.a. Marco normativo aplicable

La firma digital (o electrónica) de actas se regula principalmente en:

- **Reglamento (UE) n.º 910/2014 (eIDAS)** sobre identificación electrónica y servicios de confianza.

- **Ley 39/2015, de Procedimiento Administrativo Común (LPACAP)**:
  - » Art. 26: uso de medios electrónicos.
  - » Art. 27: validez y eficacia de copias y documentos electrónicos.
  - » Art. 41 y 43: firma electrónica y autenticidad.

- **Ley 40/2015, de Régimen Jurídico del Sector Público (LRJSP)**:
  - » Art. 15: archivo y registro electrónico.

- **Normas técnicas de interoperabilidad (ENS/ENI)**.

1.b. Tipos de firma y jerarquía legal

Conforme al Reglamento eIDAS, existen **tres tipos de firma electrónica**:

1. **Firma electrónica simple**: datos asociados a un firmante (ej. nombre escrito).

2. **Firma electrónica avanzada**: vinculada al firmante, permite identificarlo y detectar alteraciones.

3. **Firma electrónica cualificada**: generada con certificado cualificado y dispositivo seguro; tiene **plena equivalencia jurídica con la firma manuscrita**.

Para actas de órganos colegiados con efectos jurídicos (como las de Mesas de contratación), debe utilizarse como mínimo una **firma electrónica avanzada**, y preferentemente una **firma cualificada**.

1.c. Valor probatorio y eficacia jurídica

Las actas firmadas electrónicamente:

- **Tienen plena validez jurídica y valor probatorio**, siempre que la firma permita:
  - » Identificar al firmante.
  - » Garantizar la integridad del documento.
  - » Registrar fecha y hora confiables del acto.

- Se consideran **documentos públicos administrativos**, conforme al artículo 26 de la LPACAP, si son firmadas por los órganos competentes.

- Pueden ser utilizadas ante órganos de control o jurisdiccionales con igual eficacia que las firmadas en soporte papel.

1.d. Responsables de la firma

En actas de órganos colegiados, especialmente en las de la **Mesa de contratación**, deben firmar digitalmente:

- **Presidente/a del órgano**.

- **Secretario/a**, que da fe del contenido y custodia el original electrónico.

- (Opcionalmente) los miembros, si el reglamento interno así lo prevé o si hay disidencias.

La firma no se sustituye por un «conforme electrónico» o una mención de aprobación en correo. Debe aplicarse un **mecanismo técnico de firma electrónica reconocido**, como firma digital PDF, sistemas de tramitación electrónica internos, o plataformas certificadas.

1.e. Registro de la firma y huella electrónica

Cada acta firmada electrónicamente debe conservar:

- El **registro de huella digital (hash)**.

- Fecha y hora de firma.

- Identidad digital del firmante (nombre, cargo y certificado).

- En su caso, número de protocolo o índice electrónico del expediente.

Esta trazabilidad garantiza la autenticidad y la no manipulación del documento.

En conclusión, la firma digital de las actas es **plenamente válida y jurídicamente exigible** en el ámbito de la contratación pública y la gestión administrativa. La utilización de sistemas seguros y certificados garantiza la **integridad, autenticidad y eficacia probatoria** del documento, y constituye una condición indispensable para su validez formal dentro del procedimiento electrónico. Su correcta implantación no solo asegura la legalidad, sino también la eficiencia documental y la interoperabilidad institucional.

2

REQUISITOS DE SISTEMAS DE GESTIÓN DOCUMENTAL

2.a. Introducción

La gestión documental de las actas de órganos colegiados —en especial las relativas a la contratación pública— no se limita a su redacción y firma, sino que exige un tratamiento completo conforme a criterios de:

- **Autenticidad**,
- **Integridad**,
- **Disponibilidad**,
- **Trazabilidad**,
- **Preservación a largo plazo**.

Esto requiere el uso de **sistemas de gestión documental electrónica** adaptados a la normativa vigente, interoperables y seguros.

2.b. Normativa aplicable

Los requisitos esenciales se encuentran en:

- **Esquema Nacional de Interoperabilidad (ENI)**:
  - » Resolución de 19 de julio de 2011 (BOE 30/07/2011).
- **Norma Técnica de Interoperabilidad de Política de gestión de documentos electrónicos** (Resolución 28 de junio de 2012).

- **Esquema Nacional de Seguridad (ENS)**:
  » Reforzado por el Real Decreto 311/2022.
- **Ley 39/2015, LPACAP** y **Ley 40/2015, LRJSP**.

Estas normas exigen que los sistemas de archivo de documentos administrativos electrónicos —como las actas— cumplan principios de interoperabilidad, conservación y acceso seguro.

2.c. Requisitos funcionales mínimos

Un sistema debe registrar automáticamente metadatos como autoría, fecha y nivel de acceso, asignar identificadores únicos (por ejemplo, un CSV), controlar las versiones en caso de rectificaciones, proteger la integridad con firmas y sellos de tiempo y garantizar un acceso restringido solo a usuarios autorizados.

2.d. Requisitos técnicos complementarios

- **Soporte de formatos estándar** (PDF/A, XML, CSV).
- **Cumplimiento de estándares de preservación** y accesibilidad digital.
- **Capacidad de exportación y migración** sin pérdida de trazabilidad.
- **Conectividad con sistemas externos** (plataformas de contratación, órganos de control, Archivo Electrónico Único).

El sistema debe permitir **verificar en cualquier momento el estado jurídico del documento**: si ha sido firmado, modificado, archivado o publicado.

2.e. Integración con el ciclo de vida del documento

El ciclo de vida de un acta electrónica incluye su creación y redacción con metadatos, la firma por los Órganos competentes, el archivo en repositorios electrónicos, la consulta y control interno, la publicación cuando proceda y su conservación o expurgo conforme a la normativa archivística.

Este ciclo debe estar automatizado, con trazabilidad en cada fase.

En resumen, los sistemas de gestión documental son herramientas clave para asegurar la validez, conservación y trazabilidad de las actas electrónicas. Su diseño debe responder a exigencias normativas de interoperabilidad, archivo seguro y preservación digital, siendo fundamentales para la **legalidad y eficacia del procedimiento de contratación electrónica**.

3

ÍNDICES ELECTRÓNICOS, METADATOS Y PRESERVACIÓN DIGITAL

3.a. Introducción

La correcta gestión de las actas electrónicas no puede garantizarse sin un adecuado tratamiento de:

- **Índices electrónicos**: que permiten localizar y agrupar documentos.

- **Metadatos**: que describen, contextualizan y protegen la trazabilidad del documento.

- **Mecanismos de preservación digital**: para garantizar la validez y accesibilidad a largo plazo.

Estos elementos constituyen el **sustrato técnico y normativo** que sustenta la validez documental en el entorno digital, especialmente en procedimientos con obligaciones de transparencia, fiscalización y conservación legal prolongada, como es el caso de la contratación pública.

3.b. Índices electrónicos del expediente

Un índice electrónico es un **documento estructurado** que describe los documentos que integran un expediente electrónico.

Según el artículo 70.2 de la **LPACAP**, todo expediente administrativo debe contar con un índice que:

- Se **forme automáticamente** por el sistema.
- Incluya una **relación de documentos** firmados digitalmente.
- Permita la **verificación de integridad** y el **orden cronológico**.

En el caso de actas de órganos colegiados:

- Deben constar como documentos individualizados en el índice del expediente de contratación.
- Su numeración, fecha, tipo y firmantes deben estar descritos en dicho índice.
- Este índice constituye prueba documental de su incorporación válida al procedimiento.

3.c. Metadatos obligatorios

Conforme al Esquema Nacional de Interoperabilidad y a la **Norma Técnica de Interoperabilidad de Documento Electrónico**, cada acta electrónica debe incorporar metadatos como mínimo:

- **Identificador único del documento**.
- **Fecha de creación** y de firma.
- **Autor u órgano responsable**.
- **Tipo de documento** (acta de propuesta, de constitución, etc.).
- **Nivel de acceso** (público, interno, restringido).
- **Versión del documento** (en caso de rectificación o enmienda).
- **Hash o huella digital** (para verificar integridad).

Estos metadatos se integran en el documento y en los sistemas de gestión, asegurando su trazabilidad y validez legal.

3.d. Preservación digital a largo plazo

La **preservación digital** es el conjunto de medidas técnicas, organizativas y legales que aseguran que los documentos electrónicos —como las actas—:

- **Mantengan su validez jurídica**,
- **Puedan ser consultados en el futuro**,
- **Sean legibles, íntegros y auténticos** incluso tras décadas.

Requiere:

- Uso de **formatos estándares duraderos** (como PDF/A, XML).
- Sistemas de **custodia electrónica certificada**, con acceso controlado.
- Aplicación de **sellos de tiempo** periódicos para mantener la cadena de confianza.
- Mecanismos de **migración tecnológica** conforme evolucionen los sistemas.

Las actas deben ser conservadas por el plazo exigido por la normativa de contratos (normalmente **5 años desde la finalización del contrato**, o más en supuestos con fondos europeos o fiscalización superior).

En síntesis, la incorporación de índices electrónicos, metadatos y sistemas de preservación digital no es opcional, se trata de una **exigencia estructural del procedimiento electrónico**, sin la cual las actas carecerían de plena eficacia jurídica a largo plazo. Su aplicación correcta asegura la **interoperabilidad documental, la transparencia del procedimiento y la integridad jurídica de todo el expediente de contratación pública.**

PARTE IV

SUPUESTOS PRÁCTICOS

1

ACTA DE CONSTITUCIÓN DE LA MESA Y APERTURA DEL SOBRE 1 CON TRÁMITE DE SUBSANACIÓN

Nos situamos en la **fase inicial del procedimiento de contratación**, concretamente en la **primera sesión de la Mesa de Contratación**, donde se lleva a cabo:

- La **constitución formal de la Mesa**.
- La **apertura del Sobre 1**, que contiene la documentación administrativa.
- La **calificación** de dicha documentación y, en su caso, el **acuerdo de apertura del trámite de subsanación**.

Esta fase responde a lo dispuesto en el artículo **141 de la Ley 9/2017, de Contratos del Sector Público (LCSP)**, y es previa a la evaluación técnica o económica. El trámite de subsanación es un derecho de los licitadores y un deber para el Órgano de contratación si concurren defectos subsanables.

ACTA DE LA PRIMERA SESIÓN DE LA MESA DE CONTRATACIÓN

En la sede de la Dirección General de Proyectos Hidráulicos, a las 9:35 horas del día 14 de septiembre de 2024, se reúne la Mesa de Contratación, **integrada por los siguientes miembros**:

- **D. Alberto Gutiérrez Romero**, Presidente de la Mesa, Jefe del Servicio de Infraestructuras.

- **Dña. Nuria Barrios Vega**, Vocal, Técnica Superior de Contratación.
- **D. Luis Méndez Prieto**, Asesor Jurídico.
- **Dña. Carla Ortega Salinas**, Interventora Delegada.
- **D. Félix Navarro Casado**, Vocal, Jefe de Área Económica.
- **Dña. Marta Delgado Rivas**, Secretaria, Técnica de Administración General.

Para el examen de la documentación del Sobre 1 relativa a la calificación administrativa correspondiente al expediente:

- **EXPTE.:** 2023-000001
- **OBJETO:** Obras de defensa contra avenidas en varios municipios.
- **PRESUPUESTO BASE (sin IVA):** 7.624.347,00 €

La Mesa queda válidamente constituida. Seguidamente se comprueba que han tenido entrada en el portal de licitación electrónica las siguientes proposiciones:

1. Proyectos del Sur, S.A.
2. Asfaltados Ibéricos, S.L.
3. Obras Técnicas Mediterráneo, S.A.
4. Construcciones Delta, S.A.
5. Infraestructuras Rurales del Este, S.A.

Se procede a la apertura del sobre 1 correspondiente a la documentación administrativa.

Tras su calificación, se detectan deficiencias en la documentación presentada por:

- **Asfaltados Ibéricos, S.L.:** El Documento Europeo Único de Contratación (DEUC) no especifica correctamente la calidad del representante (indica ser miembro del consejo de administración sin concretar facultades) y declara no cumplir los criterios de selección.

En consecuencia, la Mesa acuerda:

– Conceder un **plazo de tres días naturales** para subsanar el DEUC presentado, debiendo indicar expresamente el cargo del representante y la conformidad con los criterios de selección.

– Se advierte que, si no se subsana en plazo, la licitadora que quedará excluida.

El resto de licitadoras resultan admitidas.

No se ha detectado concurrencia de empresas vinculadas en los términos del artículo 69 LCSP.

Y no habiendo más asuntos que tratar, se levanta la sesión. De todo lo cual doy fe como Secretaria.

LA SECRETARÍA

(firma electrónica cualificada)

LA PRESIDENCIA

(firma electrónica cualificada)

Con el visto bueno de la Presidencia.

Documento íntegramente tramitado por medios electrónicos. Certificación de integridad y conservación conforme a Esquema Nacional de Interoperabilidad.

1.a. Claves para la redacción de esta acta

El acta debe incluir la fecha, hora y lugar del acto, la identificación del expediente y del contrato, la composición de la Mesa, la relación de licitadores y las incidencias detectadas en la documentación.

1.b. Consejos

– **Evitar generalizaciones**: indicar siempre qué documento presenta el defecto.

– **Concretar el defecto** (por ejemplo, si el DEUC omite una declaración obligatoria).

- **Respetar el plazo legal** (tres días naturales, salvo ampliación justificada).

- **Ser claro en las consecuencias jurídicas**: admisión o exclusión.

- **No mezclar fases** (este tipo de acta no debe contener valoraciones técnicas).

2

ACTA DE APERTURA DEL SOBRE 1 CON INADMISIÓN POR PRESENTACIÓN FUERA DE PLAZO

Este supuesto se sitúa en la **fase de calificación administrativa**, en el marco de un procedimiento abierto dividido en lotes. La Mesa de Contratación se constituye para:

- **Comprobar la recepción de ofertas electrónicas** dentro del plazo habilitado.

- **Abrir el Sobre 1** (documentación administrativa).

- **Calificar la documentación** conforme al artículo 141 de la LCSP y al PCAP.

- **Adoptar acuerdos de admisión, inadmisión o requerimiento de subsanación**.

Este caso combina dos situaciones relevantes:

1. La inadmisión de una oferta por **presentación extemporánea**.

2. La **concesión del trámite de subsanación** por defectos en el DEUC.

ACTA DE LA PRIMERA SESIÓN DE LA MESA DE CONTRATACIÓN

En la sede de la Dirección General de Obras Hidráulicas, a las 9:35 horas del día 14 de septiembre de 2024, se reúne la Mesa de Contratación, **integrada por los siguientes miembros:**

- **D.ª Teresa Solís Navarro**, Presidenta, Jefa del Servicio de Contratación de Infraestructuras.
- **D. Alejandro Ruiz Olmo**, Interventor Delegado.
- **D. Marcos Gavilán Cruz**, Letrado del Servicio Jurídico.
- **D.ª Irene Prieto García**, Vocal, Técnica de Evaluación Económica.
- **D. Fernando Cordero Martín**, Vocal, Técnico Superior.
- **D.ª Elena Bernal Santamaría**, Secretaria, Técnica de Administración General.

La Mesa queda válidamente constituida al objeto de deliberar y adoptar los acuerdos oportunos en relación con el expediente **2023/47257**, relativo a las **«Obras de defensa contra avenidas en varios municipios (dos lotes)»**, con un presupuesto de **7.624.347,00 € (IVA excluido)**.

Se constata que han tenido entrada en el portal de licitación electrónica un total de **12 proposiciones**, cuyos datos han sido verificados automáticamente por el sistema.

El sistema informa que la oferta presentada por la **UTE Desarrollo Técnico del Sur, S.A. – Cálculo Avanzado Ingeniería, S.A.**, consta registrada a las **14:03 horas del día 5 de noviembre de 2024**, siendo el límite establecido las **14:00 horas del mismo día**.

Por tanto, la Mesa acuerda **inadmitir la proposición presentada por la referida UTE por extemporaneidad**, conforme a lo establecido en el artículo 157.3 de la LCSP.

El resto de licitadoras resultan admitidas.

Asimismo, se constata la **ausencia de vínculos societarios** entre los licitadores, a tenor de lo manifestado en sus declaraciones responsables.

No habiendo más asuntos que tratar, se levanta la sesión, de todo lo cual doy fe como Secretaria.

LA SECRETARÍA

(firma electrónica cualificada)

LA PRESIDENCIA

(firma electrónica cualificada)

Con el visto bueno de la Presidencia.

Documento íntegramente tramitado por medios electrónicos. Certificación de integridad y conservación conforme a Esquema Nacional de Interoperabilidad.

2.a. Claves para la redacción de esta acta

Aspectos esenciales que deben constar:

- Hora exacta de presentación de la oferta inadmitida y hora límite fijada.

- Base legal para la inadmisión (art. 157.3 LCSP: no puede admitirse fuera de plazo).

- Mención de la admisión del resto y de la inexistencia de vínculos entre licitadores.

2.b. Consejos prácticos

- La inadmisión por presentación fuera de plazo debe justificarse **cronológicamente**.

- No deben incluirse valoraciones técnicas ni anticipar decisiones futuras.

- La redacción debe ser objetiva y con un **tono neutro, administrativo y preciso**.

3

ACTA DE VERIFICACIÓN DE SUBSANACIÓN DOCUMENTAL DEL SOBRE 1 Y APERTURA DEL SOBRE 2

Nos situamos en una **sesión** de la Mesa de Contratación dentro de un **procedimiento abierto**. Tras haberse requerido la subsanación de la documentación del sobre 1 a determinados licitadores (art. 141.2 LCSP), la Mesa:

- **Verifica si los defectos han sido subsanados en plazo y forma**.

- Adopta el acuerdo de **admisión o exclusión definitiva**.

- Procede a la **apertura del sobre 2**, que contiene los criterios evaluables mediante juicio de valor.

- Formaliza la **remisión de la documentación a la Comisión Técnica**, conforme al artículo 146.2 LCSP.

Esta fase resulta clave para garantizar la concurrencia y la validez de la evaluación técnica.

ACTA DE LA SEGUNDA SESIÓN DE LA MESA DE CONTRATACIÓN

En la sede de la Dirección General de Infraestructuras Hidráulicas, siendo las 9:35 horas del día 14 de septiembre de 2024, se reúne la Mesa de Contratación, integrada por los siguientes miembros:

- **D.ª Isabel Romero Téllez**, Presidenta, Jefa del Servicio de Contratación.

- **D. Rafael Sáez Ramírez**, Interventor Adjunto.
- **D. Andrés Gómez Fernández**, Letrado del Servicio Jurídico.
- **D.ª Clara Palacios Gutiérrez**, Vocal, Técnica Jurídica.
- **D. David Ríos Morente**, Vocal, Técnico Superior.
- **D.ª Belén Vargas Nieto**, Secretaria, Técnica de Administración General.

Citados los miembros en tiempo y forma, se inicia la sesión con la lectura y aprobación del acta anterior, que es aprobada por unanimidad.

A continuación, se procede a comprobar la **documentación subsanada** del Sobre 1, previamente requerida a las siguientes entidades:

- **UTE Ingeniería Hidrosur – Túneles del Mediterráneo, S.L.**
- **UTE Soluciones Técnicas Avanzadas – Obras Canal Sur, S.A.**

Verificada la documentación, la Mesa constata que ambas UTE han **subsanado correctamente** las deficiencias, acordándose su admisión formal al procedimiento.

Acto seguido, se procede a la **apertura del sobre electrónico n.º 2**, que contiene los criterios de adjudicación evaluables mediante juicio de valor. No se detectan defectos de forma ni de contenido en la documentación aportada.

En virtud del artículo 146.2 de la Ley 9/2017, de Contratos del Sector Público, y de la cláusula 10.4 del Pliego de Cláusulas Administrativas Particulares, la Mesa acuerda **remitir dicha documentación a la Comisión Técnica de Valoración**, designada por el Órgano de contratación, a fin de que emita el correspondiente informe técnico.

La Mesa queda a la espera del resultado de dicha evaluación para continuar con la apertura del sobre n.º 3.

No habiendo más asuntos que tratar, la Presidenta da por finalizada la sesión, de la que doy fe como Secretaria.

LA SECRETARÍA

(firma electrónica cualificada)

LA PRESIDENCIA

(firma electrónica cualificada)

Con el visto bueno de la Presidencia.

Documento íntegramente tramitado por medios electrónicos. Certificación de integridad y conservación conforme a Esquema Nacional de Interoperabilidad.

3.a. Claves para la redacción de esta acta

El acta debe recoger la aprobación de la anterior, la identificación de los miembros asistentes, la relación de licitadores que han subsanado correctamente y la referencia a los artículos legales y Pliegos aplicables.

3.b. Aspectos técnicos destacables

Es importante describir con claridad la subsanación realizada por cada licitador y comprobar que la remisión a la Comisión Técnica de Valoración se ajusta al procedimiento interno.

4

ACTA DE CALIFICACIÓN DEL SOBRE 1, APERTURA DEL SOBRE 2 Y REMISIÓN A LA COMISIÓN TÉCNICA DE VALORACIÓN

Este supuesto se produce en una **fase intermedia del procedimiento**, una vez:

- Se ha producido la **presentación electrónica de ofertas**.

- Se **abre y califica el Sobre 1**, relativo a la documentación administrativa.

- Se acuerda la **apertura del Sobre 2**, que contiene los criterios evaluables mediante juicio de valor.

- Se remite dicha documentación a la **Comisión Técnica de Valoración**, conforme al artículo 146.2 de la LCSP y al PCAP.

Este tipo de acta es frecuente en contratos de obras, servicios o suministros, que contienen elementos técnicos que requieren valoración especializada, en cumplimiento del principio de separación entre fases administrativas y técnicas.

ACTA DE LA PRIMERA SESIÓN DE LA MESA DE CONTRATACIÓN

En la sede de la Dirección General de Proyectos Estratégicos, a las 9:11 horas del día 12 de marzo de 2024, se reúne la Mesa de Contratación, integrada por los siguientes miembros:

- **D.ª Lucía Rodríguez Valverde**, Presidenta, Jefa del Servicio de Contratación.
- **D. Tomás Gallego Espinosa**, Interventor Delegado.
- **D. Sergio Marín Torres**, Interventor Adjunto.
- **D. Fernando Alarcón Ruiz**, Letrado Asesor Jurídico.
- **D. Andrés Cifuentes García**, Vocal, Técnico Superior.
- **D.ª María Teresa Ríos Calvente**, Vocal, Técnica Superior.
- **D.ª Laura Jiménez Gómez**, Secretaria, Técnica de Administración General.

La Presidenta declara válidamente constituida la Mesa, procediéndose al examen de la documentación presentada por las entidades licitadoras en el procedimiento **EXPTE. 2023-300029**, cuyo objeto es el **«Servicio de redacción de proyecto de ampliación y mejora de la instalación desaladora de agua marina en Costa del Alba»**, con un presupuesto base de licitación de **634.596,32 euros (IVA excluido)**.

Comprobada la presentación electrónica de las proposiciones en tiempo y forma, se procede a la **apertura del Sobre 1**, relativo a la documentación acreditativa de los requisitos previos conforme al apartado 9.2.1 del PCAP.

Calificada la documentación, se constata que **todas las licitadoras han presentado correctamente los documentos exigidos**, sin que proceda la apertura del trámite de subsanación.

Igualmente, se comprueba la **inexistencia de empresas vinculadas**, conforme a las declaraciones responsables aportadas.

Acto seguido, se procede a la **apertura del Sobre 2**, que contiene los criterios de adjudicación evaluables mediante juicio de valor, sin detectarse defecto formal alguno.

En aplicación de lo dispuesto en el artículo 146.2 de la Ley 9/2017, de Contratos del Sector Público, y en la cláusula 10.4 del Pliego de Cláusulas Administrativas Particulares, la Mesa acuerda:

- **Remitir la documentación del Sobre 2 a la Comisión Técnica de Valoración**, designada por el Órgano de contratación, a fin de que emita informe motivado sobre los criterios técnicos.

La Mesa queda a la espera de la recepción del informe para continuar con la apertura del Sobre 3, en los plazos establecidos.

Y no habiendo más asuntos que tratar, la Presidenta da por concluida la sesión, de todo lo cual doy fe como Secretaria.

LA SECRETARÍA

(firma electrónica cualificada)

LA PRESIDENCIA

(firma electrónica cualificada)

Con el visto bueno de la Presidencia.

Documento íntegramente tramitado por medios electrónicos. Certificación de integridad y conservación conforme a Esquema Nacional de Interoperabilidad.

4.a. Claves para la redacción de esta acta

- Datos identificativos del expediente, objeto y presupuesto.

- Verificación formal de presentación de ofertas y documentación administrativa.

- Expreso pronunciamiento sobre la no concurrencia de subsanaciones ni vínculos empresariales.

- Referencia al artículo 146.2 LCSP y al PCAP como base legal de la remisión.

- Indicación de la no detección de defectos formales en el Sobre 2.

4.b. Aspectos prácticos a considerar

- Es recomendable detallar la **fecha prevista de apertura del Sobre 3** (si se conoce).

– Debe evitarse cualquier tipo de **valoración anticipada** o juicio técnico.

– La remisión debe dejar constancia de que la Comisión ha sido **previamente designada**, sin dejar espacio a la improvisación.

5

ACTA DE VERIFICACIÓN DE SUBSANACIÓN DEL SOBRE 1, APERTURA DEL SOBRE 2 Y REMISIÓN A LA COMISIÓN TÉCNICA DE VALORACIÓN

Este supuesto se produce en una **sesión intermedia del procedimiento**, donde se verifican los resultados del trámite de subsanación concedido en la sesión anterior y, acto seguido:

– Se verifica y comprueba la documentación subsanada del Sobre 1 presentada por los licitadores requeridos.

– Se **abre el Sobre 2** (criterios evaluables mediante juicio de valor).

– Se **remite la documentación a la Comisión Técnica de Valoración**, que debe emitir informe motivado.

– Se deja constancia del orden cronológico y formal de estos actos, sin emitir aún la propuesta de adjudicación.

Esta fase responde al mandato del artículo **146.2 de la LCSP**, que impone la necesidad de separar la valoración técnica de la actuación formal de la Mesa.

ACTA DE LA SEGUNDA SESIÓN DE LA MESA DE CONTRATACIÓN

En la sede de la Dirección General de Infraestructuras Técnicas, siendo las 9:20 horas del día 17 de octubre de 2023, se reúne la Mesa de Contratación integrada por los siguientes miembros:

- **D.ª Alicia Romero Castaño**, Presidenta, Jefa del Servicio de Contratación.
- **D. Manuel Barrios Gutiérrez**, Interventor Delegado.
- **D. Javier Valera Suárez**, Interventor Adjunto.
- **D. Rafael Navarro Sánchez**, Letrado de los Servicios Jurídicos.
- **D. Samuel Vega Monzón**, Vocal, Titulado Superior.
- **D.ª Carla Muñoz Calvente**, Vocal, Titulada Superior.
- **D.ª Marta Sobrino Aguilar**, Secretaria, Técnica de Administración General.

Tras la aprobación unánime del acta anterior, se procede a la **verificación de la subsanación documental del Sobre 1** presentada en plazo por la empresa:

- **Infraestructuras del Sur, S.A.**

Constatado que ha subsanado correctamente las deficiencias advertidas, la Mesa acuerda su **admisión definitiva** en el procedimiento.

A continuación, se procede a la **apertura del sobre electrónico n.º 2**, correspondiente a los criterios de adjudicación evaluables mediante juicio de valor. Verificado su contenido, no se observa defecto formal alguno en los documentos presentados.

En aplicación del artículo 146.2 de la Ley 9/2017, de Contratos del Sector Público, y de la cláusula 10.4 del Pliego de Cláusulas Administrativas Particulares, la Mesa acuerda:

- **Poner a disposición de la Comisión Técnica de Valoración** la documentación contenida en el Sobre 2, con el fin de que dicha Comisión, ya designada, emita el informe técnico sobre los criterios no evaluables mediante fórmulas.

La Mesa queda a la espera del resultado del informe para continuar con la apertura del Sobre 3, en los plazos previstos en los Pliegos.

Y no habiendo más asuntos que tratar, la Presidenta da por concluida la sesión, de la que doy fe como Secretaria.

LA SECRETARÍA

(firma electrónica cualificada)

LA PRESIDENCIA

(firma electrónica cualificada)

Con el visto bueno de la Presidencia.

Documento íntegramente tramitado por medios electrónicos. Certificación de integridad y conservación conforme a Esquema Nacional de Interoperabilidad.

5.a. Claves para la redacción de esta acta

– Aprobación del acta anterior como continuidad procedimental.

– Identificación completa de los miembros de la Mesa y el órgano colegiado.

– Verificación de subsanación documental previa y decisión de admisión.

– Correcta apertura del Sobre 2, sin defectos formales detectados.

– Remisión justificada y motivada a la Comisión Técnica de Valoración con referencia normativa (art. 146.2 LCSP y PCAP).

5.b. Recomendaciones técnicas

– Debe evitarse cualquier valoración o anticipación de resultados.

– Es recomendable indicar que la Comisión Técnica de Valoración ha sido **formalmente designada**, para evitar nulidades.

– La constancia de la correcta subsanación debe ir acompañada de una motivación técnica si el defecto fue relevante.

6

ACTA DE ANÁLISIS DEL INFORME TÉCNICO, ACEPTACIÓN DEL INFORME Y REQUERIMIENTO POR PRESUNTA OFERTA ANORMALMENTE BAJA

Este supuesto se sitúa en una **fase avanzada del procedimiento,** una vez la Comisión Técnica de Valoración ha emitido su informe sobre los criterios evaluables mediante juicio de valor (Sobre 2). En esta sesión:

- La **Mesa analiza el informe de valoración técnica**, verificando su adecuación formal y motivación.
- Se acuerda su **aceptación** e integración en el expediente.
- Se **publica la clasificación provisional de las ofertas**, con base en los criterios técnicos y automáticos.
- Se detecta una oferta presumiblemente anormal, conforme al artículo 149.4 de la LCSP, y se acuerda el correspondiente **requerimiento de justificación**.

ACTA DE LA TERCERA SESIÓN DE LA MESA DE CONTRATACIÓN

En la sede de la Dirección General de Proyectos Hidráulicos, a las 10:00 horas del día 21 de noviembre de 2025, se reúne la Mesa de Contratación, integrada por:

- **D. Francisco Velasco Moreno**, Presidente, Jefe del Servicio de Contratación.

- **D.ª Carolina Ramos Bellido**, Interventora Delegada.
- **D. Andrés Fuentes Llorente**, Asesor Jurídico.
- **D. Álvaro Jiménez Gálvez**, Vocal, Técnico de Evaluación.
- **D.ª Elena Romero Cebrián**, Vocal, Técnica Superior.
- **D.ª Laura Morales Rubio**, Secretaria, Técnica de Administración General.

Se inicia la sesión con la lectura del **informe técnico de valoración** emitido por la Comisión Técnica de Valoración designada, relativo a los criterios subjetivos contenidos en el Sobre 2.

El informe ha sido emitido con fecha 17 de noviembre de 2025, e incluye:

- Detalle de las puntuaciones otorgadas a cada licitador, desglosadas por criterio.
- Justificación técnica de cada puntuación asignada.
- Metodología utilizada conforme a los Pliegos.

La Mesa **analiza el informe y considera que cumple los requisitos de motivación, transparencia y adecuación al Pliego**, por lo que acuerda:

- **Aceptar el contenido del informe técnico** e incorporarlo formalmente al expediente.

A continuación, se procede a realizar la **clasificación de las ofertas**, sumando las puntuaciones de los criterios evaluables mediante fórmulas (Sobre 3), resultando la siguiente clasificación provisional:

1. **Ingeniería, S.L.** — 95,70 puntos.

2. **Soluciones Técnicas** — 88,25 puntos.

3. **Ingeniería del Este, S.L.** — 72,40 puntos.

La oferta presentada por la empresa **Global Ingeniería de Proyectos, S.L.** presenta una baja del **31,84 % respecto a la media de las ofertas admitidas**, lo que la sitúa dentro del umbral establecido en el artículo 149.4 de la LCSP y en la cláusula 10.6 del PCAP.

Por tanto, la Mesa acuerda:

- **Requerir a la mencionada empresa para que, en el plazo de cinco días hábiles, justifique la viabilidad de su oferta**, conforme a lo previsto legal y contractualmente, especialmente en relación con los precios, medios propuestos y condiciones técnicas.

El procedimiento quedará suspendido hasta la recepción y análisis de dicha justificación.

No habiendo más asuntos que tratar, se levanta la sesión, de la que doy fe como Secretaria.

LA SECRETARÍA

(firma electrónica cualificada)

LA PRESIDENCIA

(firma electrónica cualificada)

Con el visto bueno de la Presidencia.

Documento íntegramente tramitado por medios electrónicos. Certificación de integridad y conservación conforme a Esquema Nacional de Interoperabilidad.

6.a. Claves para la redacción de esta acta

- Análisis y aceptación formal del informe técnico, con fecha y contenido justificado.

- Clasificación provisional de licitadores con puntuación total (criterios técnicos + fórmulas).

- Identificación clara de oferta presuntamente anormal y su umbral de referencia (art. 149.4 LCSP).

- Acuerdo de requerimiento, con plazo legal y contenido mínimo exigido.

6.b. Recomendaciones técnicas y operativas

- Es importante mencionar que el informe técnico debe incorporar **motivación suficiente**, tal como exige la jurisprudencia del TACRC.

- El acta debe **reflejar con precisión numérica** los valores que fundamentan la sospecha de anormalidad.

- Debe evitarse prejuzgar la temeridad. Se requiere y analiza, pero no se valora en esta sesión.

7

ACTA DE RECHAZO DEL INFORME TÉCNICO POR FALTA DE MOTIVACIÓN

Este supuesto se sitúa en una **fase avanzada del procedimiento**, tras la recepción del informe emitido por la Comisión Técnica de Valoración respecto a los criterios evaluables mediante juicio de valor (art. 146.2 LCSP). A diferencia de lo habitual, la Mesa:

– **Revisa y analiza críticamente el contenido del informe**.

– Detecta que el informe **carece de justificación suficiente**, impidiendo verificar la conformidad con los Pliegos y los principios de igualdad y transparencia.

– Decide **no aceptar el informe y devolverlo** a la Comisión Técnica de Valoración para su corrección y motivación más detallada.

Esta actuación está amparada en el principio de tutela del interés público y la necesidad de que toda decisión administrativa esté debidamente motivada, conforme al artículo 35 de la LPACAP y la jurisprudencia del Tribunal Administrativo Central de Recursos Contractuales (TACRC).

ACTA DE LA TERCERA SESIÓN DE LA MESA DE CONTRATACIÓN

En la sede de la Dirección General de Obras Hidráulicas, siendo las 9:20 horas del día 30 de enero de 2024, se reúne la Mesa de Contratación, compuesta por:

- **D.ª Nuria Serrano Delgado**, Presidenta, Jefa del Servicio de Contratación.
- **D. Sergio Prieto González**, Interventor Delegado.
- **D. Iván Cuenca Domínguez**, Asesor Jurídico.
- **D. Luis Ortega Ramos**, Vocal, Titulado Superior.
- **D.ª Clara Ledesma Muñoz**, Vocal, Técnica Superior.
- **D.ª Pilar Andrade Requena**, Secretaria, Técnica de Administración General.

Se aprueba por unanimidad el acta de la sesión anterior.

A continuación, se analiza el informe técnico emitido por la Comisión Técnica de Valoración, fechado el 22 de enero de 2024, relativo a los criterios subjetivos del procedimiento **EXPTE. 2023-232321**, cuyo objeto es la **«Ejecución de obras de depuración en los municipios de Sierra Azul y Alto de los Ríos (2 lotes)»**, con un presupuesto de **5.764.389,04 € (IVA excluido)**.

Tras el correspondiente debate, los miembros de la Mesa concluyen que el citado informe **no justifica suficientemente la valoración asignada a cada licitador**, ya que:

- No se explicitan los elementos concretos que fundamentan cada puntuación.
- No se describen comparativamente las propuestas evaluadas.
- No se vincula claramente la motivación con los criterios establecidos en los Pliegos.

Por unanimidad, la Mesa acuerda:

- **Rechazar el informe técnico recibido y devolverlo a la Comisión Técnica**, solicitando que se emita uno nuevo que contenga una **motivación detallada, suficiente y conforme al artículo 146.2 de la LCSP**.

No habiendo más asuntos que tratar, la Presidenta levanta la sesión, de la que doy fe como Secretaria.

LA SECRETARÍA

(firma electrónica cualificada)

LA PRESIDENCIA

(firma electrónica cualificada)

Con el visto bueno de la Presidencia.

Documento íntegramente tramitado por medios electrónicos. Certificación de integridad y conservación conforme a Esquema Nacional de Interoperabilidad.

7.a. Claves para la redacción de esta acta

- Identificación precisa del expediente, objeto y presupuesto.

- Mención expresa del análisis técnico del informe.

- Enumeración de los defectos de motivación detectados.

- Acuerdo formal de devolución del informe con requerimiento de corrección.

7.b. Recomendaciones prácticas

- El informe técnico no es vinculante, pero su aceptación por la Mesa debe estar condicionada a que cumpla **requisitos de legalidad y transparencia**.

- La Mesa no puede sustituir la motivación de la Comisión, pero **sí puede rechazar informes insuficientes**.

- Esta decisión debe constar siempre en acta, con motivación clara, ya que **interrumpe el procedimiento** hasta recibir una nueva versión válida.

8

ACTA DE RECHAZO DE OFERTAS ANORMALES Y PROPUESTA DE ADJUDICACIÓN

Este supuesto se sitúa en la **fase final del procedimiento**, una vez:

- Se ha recibido y analizado el resultado del informe técnico y económico.
- Se ha concedido trámite de justificación a las ofertas incursas en presunta temeridad (art. 149.4 y 149.6 LCSP).
- Al no presentarse justificación en plazo, la Mesa acuerda su **rechazo**.
- Se procede a la **clasificación definitiva** de ofertas válidas.
- Se **propone la mejor oferta** calidad-precio como adjudicataria, con requerimiento documental previo conforme al artículo 150.2 LCSP.

ACTA DE LA TERCERA SESIÓN DE LA MESA DE CONTRATACIÓN

En la sede de la Dirección General de Infraestructuras Técnicas, siendo las 10:06 horas del día 5 de diciembre de 2023, se reúne la Mesa de Contratación, compuesta por:

- **D.ª Paula Medina Salazar**, Presidenta, Jefa del Servicio de Contratación.
- **D. Miguel Torres Aragón**, Interventor Delegado.

- **D. Javier Paredes Martínez**, Letrado del Servicio Jurídico.
- **D. Andrés Villa Romero**, Vocal, Técnico Superior.
- **D.ª Clara Domínguez López**, Vocal, Técnica Superior.
- **D.ª Elena Rodríguez Nieto**, Secretaria, Técnica de Administración General.

Aprobada el acta anterior, la Presidenta informa de que las empresas **Técnica Proyectos del Sur, S.A.U.** y **UTE Ingeniería Atlántica – Proyectos Globales, S.L.** fueron requeridas para justificar sus ofertas al incurrir en presunta anormalidad económica, al presentar una baja superior al 22,72 % respecto al presupuesto base de licitación (umbral fijado en 387.589,68 €).

Constatado que **ninguna de ellas ha presentado justificación alguna en el plazo concedido**, la Mesa acuerda, de conformidad con el artículo 149.6 de la LCSP:

- **Rechazar sus ofertas** por no haber aportado la justificación exigida, resultando inaceptables por su carácter anormal.

Acto seguido, se presenta la **clasificación definitiva de ofertas**, siendo la que obtiene mayor puntuación global la presentada por **UTE Ingeniería Neuvans – Ingeniería Técnica, S.L.**, con **85,76 puntos** y una oferta económica de **395.739,14 € (IVA excluido)**.

En consecuencia, y conforme a la cláusula 10.7 del Pliego de Cláusulas Administrativas Particulares y al artículo 150.2 de la LCSP, la Mesa acuerda:

- **Proponer dicha oferta como la mejor relación calidad-precio.**
- **Requerir al licitador propuesto para que, en el plazo de 10 días hábiles, presente la documentación previa a la adjudicación**, de conformidad con los Pliegos.

No habiendo más asuntos que tratar, se levanta la sesión, de la que doy fe como Secretaria.

LA SECRETARÍA

(firma electrónica cualificada)

LA PRESIDENCIA

(firma electrónica cualificada)

Con el visto bueno de la Presidencia.

Documento íntegramente tramitado por medios electrónicos. Certificación de integridad y conservación conforme a Esquema Nacional de Interoperabilidad.

8.a. Claves para la redacción de esta acta

- Cita explícita del artículo 149.6 LCSP sobre la no presentación de justificación en plazo.

- Identificación del ofertas anormalmente bajas y de las ofertas afectadas.

- Rechazo motivado de las mismas por incumplimiento procedimental.

- Inclusión del resultado de la clasificación final, puntuación y datos económicos.

- Propuesta de adjudicación con requerimiento documental previo (art. 150.2 LCSP).

8.b. Recomendaciones prácticas

- La Mesa **no puede adjudicar directamente**, sino proponer al órgano competente.

- El plazo para justificar y para presentar la documentación debe ajustarse al procedimiento elegido y estar recogido en los Pliegos.

- La motivación del rechazo debe referirse siempre a un incumplimiento objetivo y verificable del licitador.

9

ACTA DE ACEPTACIÓN DE OFERTAS ANORMALMENTE BAJAS Y PROPUESTA DE MEJOR OFERTA

Nos encontramos en la **fase de evaluación final** del procedimiento, una vez:

– Se ha analizado la documentación económica (Sobre 3).

– Se ha detectado la existencia de ofertas que, por su importe, se consideran presuntamente anormales.

– Se ha solicitado y recibido el informe de justificación por parte de la Comisión Técnica.

– La Mesa valora dicha justificación, la acepta y procede a formular la **propuesta de adjudicación**, conforme al artículo 149.6 de la LCSP y a lo dispuesto en los Pliegos.

Este supuesto se distingue por su enfoque garantista. No toda oferta baja debe ser excluida si demuestra su viabilidad.

ACTA DE LA TERCERA SESIÓN DE LA MESA DE CONTRATACIÓN

En la sede de la Dirección General de Infraestructuras Técnicas, siendo las 10:06 horas del día 15 de diciembre de 2024, se reúne la Mesa de Contratación integrada por:

– **D.ª Lorena Aguilar Manso**, Presidenta, Jefa del Servicio de Contratación.

– **D. Miguel Ángel Calderón Pinto**, Vocal, Interventor Delegado.

- **D. Álvaro Blanco Salcedo**, Vocal, Asesor Jurídico.
- **D.ª Susana Rivas Ordóñez**, Vocal, Técnica Superior.
- **D. Rafael Gómez Lozano**, Vocal, Técnico Superior.
- **D.ª Ana María Peralta Ríos**, Secretaria, Técnica de Administración General.

Se aprueba por unanimidad el acta anterior.

A continuación, se analiza el informe técnico de fecha 13 de diciembre de 2024 emitido por la Comisión Técnica de Valoración, relativo a la justificación de las ofertas consideradas anormalmente bajas conforme al artículo 149.4 de la LCSP.

Las empresas incursas en ofertas anormalmente bajas por haber ofertado un precio inferior al umbral del 22,48 % sobre el presupuesto base de licitación (33.136,80 €), fueron:

- **Proyectos, S.A.**
- **Consultores, S.L.P.**

La Mesa, tras revisar el contenido y motivación del informe técnico, considera que las justificaciones presentadas por ambas empresas **acreditan la viabilidad de sus ofertas**, por lo que, conforme al artículo 149.6 de la LCSP, se acuerda:

- **Aceptar las justificaciones presentadas y considerar válidas las ofertas económicas de ambas entidades.**

Concluida la valoración global de las ofertas, la que obtiene la mejor relación calidad-precio es la presentada por **CONSULTORES, S.L.P.**, con una puntuación total de **85,38 puntos** y una oferta económica de **34.542,34 € (IVA excluido)**.

Por tanto, la Mesa acuerda:

Proponer como mejor oferta del contrato a CONSULTORES, S.L.P.

- **Requerir a dicha empresa la presentación de la documentación previa a la adjudicación**, conforme a la cláusula 10.5 del PCAP y al artículo 150.2 de la LCSP.

No habiendo más asuntos que tratar, la Presidenta da por concluida la sesión, de la que doy fe como Secretaria.

LA SECRETARÍA

(firma electrónica cualificada)

LA PRESIDENCIA

(firma electrónica cualificada)

Con el visto bueno de la Presidencia.

Documento íntegramente tramitado por medios electrónicos. Certificación de integridad y conservación conforme a Esquema Nacional de Interoperabilidad.

9.a. Claves para la redacción de esta acta

- Cita del umbral de presunta baja anormal y empresas afectadas.

- Referencia clara al informe técnico y su aceptación por la Mesa.

- Distinción entre justificación aceptada (se continúa) y no aceptada (se excluye).

- Propuesta de mejor oferta y requerimiento documental.

9.b. Puntos críticos a cuidar

- La aceptación de justificaciones debe estar **expresamente motivada**, y apoyada en informe técnico.

- La Mesa no puede realizar valoración técnica propia, solo aceptar o rechazar en base al informe.

- El requerimiento a la adjudicataria debe respetar el plazo legal de 10 días hábiles.

10

ACTA DE EXCLUSIÓN POR NO PRESENTACIÓN DE DOCUMENTACIÓN PREVIA A LA ADJUDICACIÓN Y REQUERIMIENTO A LA SIGUIENTE LICITADORA

Nos encontramos en la **fase inmediatamente anterior a la adjudicación**, regulada en el artículo 150.2 de la LCSP. Tras haber resultado seleccionada la mejor oferta calidad-precio, el Órgano de contratación requiere al licitador propuesto para que presente:

– Documentación acreditativa de hallarse al corriente de obligaciones fiscales y con la Seguridad Social.

– Justificación de solvencia, en su caso.

– Documentos exigidos por el PCAP (cláusula específica).

Si el licitador no cumple este requerimiento dentro del plazo concedido, se entiende que ha **retirado su oferta**, y la Mesa debe proponer al siguiente mejor clasificado (art. 150.6 LCSP y cláusulas de los Pliegos).

ACTA DE LA CUARTA SESIÓN DE LA MESA DE CONTRATACIÓN

En la sede de la Dirección General de Proyectos Estratégicos, a las 10:06 horas del día 5 de diciembre de 2023, se reúne la Mesa de Contratación, integrada por:

- **D.ª Inés Roldán Aguilera**, Presidenta, Jefa del Servicio de Contratación.
- **D. Fernando Rosales Pérez**, Interventor Delegado.
- **D. Luis Alberto Navarro Serrano**, Asesor Jurídico.
- **D. José Manuel Rodríguez Baeza**, Vocal, Titulado Superior.
- **D.ª Raquel Gómez Ortega**, Vocal, Técnica Superior.
- **D.ª Celia Ramos Vizcaíno**, Secretaria, Técnica de Administración General.

Abierta la sesión y aprobada el acta anterior, se examina la situación del expediente **EXPTE. 2022-870707**, relativo a la **«Dirección y Coordinación de Seguridad y Salud de la obra de abastecimiento de agua desalada en el municipio de San Elías»**, con un presupuesto de **501.570,54 € (IVA excluido)**.

La Mesa comprueba que la empresa **Soluciones, S.L.**, propuesta en la sesión anterior como adjudicataria por ser la mejor oferta calidad-precio, **no ha presentado ninguna documentación en el plazo concedido** tras el requerimiento efectuado conforme a la cláusula 10.7 del PCAP.

En consecuencia, y conforme a dicha cláusula y al artículo 150.6 de la LCSP, la Mesa acuerda:

- **Excluir a la mencionada empresa del procedimiento de adjudicación.**
- **Proponer como nueva licitadora con mejor oferta a la siguiente mejor puntuada**, presentada por **UTE Proyecto – Fomento, S.A.**, con **88,08 puntos** y una oferta económica de **498.142,00 € (IVA excluido)**.

Se acuerda trasladar al Órgano de contratación la necesidad de **emitir nuevo requerimiento de documentación** a dicha entidad conforme al artículo 150.2 de la LCSP y a lo previsto en el Pliego.

No habiendo más asuntos que tratar, se levanta la sesión, de lo que yo, Secretaria, doy fe.

LA SECRETARÍA

(firma electrónica cualificada)

LA PRESIDENCIA

(firma electrónica cualificada)

Con el visto bueno de la Presidencia.

Documento íntegramente tramitado por medios electrónicos. Certificación de integridad y conservación conforme a Esquema Nacional de Interoperabilidad.

10.a. Claves para la redacción de esta acta

- Identificación del incumplimiento del primer licitador, en este caso no presentación documental.

- Referencia normativa clara: cláusula del Pliego y artículo 150.6 LCSP.

- Inclusión de puntuación y oferta económica de la siguiente empresa propuesta.

- Acuerdo formal de requerimiento al siguiente licitador.

10.b. Recomendaciones operativas

- Es esencial que el requerimiento previo se haya realizado **en plazo y con constancia fehaciente** (habitualmente por medios electrónicos).

- La exclusión debe constar con motivación clara en el acta.

- El procedimiento **no se reinicia**, sino que continúa con el siguiente clasificado conforme a la adjudicación automática secuencial.

11

ACTA DE COMPROBACIÓN FINAL DE LA DOCUMENTACIÓN DEL LICITADOR CON MEJOR OFERTA Y PROPUESTA DE ADJUDICACIÓN

Este supuesto se desarrolla en la **fase de finalización del procedimiento de contratación,** en concreto tras haberse formulado una propuesta del licitador con mejor oferta y haberse requerido a la empresa propuesta para que presentara:

- – Certificados de hallarse al corriente con Hacienda y Seguridad Social.

- – Documentación de constitución o representación.

- – Garantía definitiva.

- – Resto de documentación exigida por el Pliego y art. 150.2 LCSP.

Una vez presentada toda la documentación, la Mesa debe verificar su corrección y, en caso favorable, elevar propuesta de adjudicación al órgano competente.

ACTA DE LA CUARTA SESIÓN DE LA MESA DE CONTRATACIÓN EN MATERIA DE INFRAESTRUCTURAS HIDRÁULICAS

En la sede de la Dirección General de Proyectos Hidrosanitarios, sita en la calle Ingeniería, número 4, de Villalta del Sur, siendo las 10:18 horas del día 30 de mayo de 2023, se reúne la Mesa de Contratación, integrada por:

- **D.ª Rebeca Linares Benítez**, Presidenta, Jefa del Servicio de Contratación.
- **D. Julio Segura Valdivieso**, Vocal, Interventor Delegado.
- **D. Óscar Robledo Montero**, Interventor Adjunto.
- **D. Sergio León Castillejos**, Asesor Jurídico.
- **D. Víctor Morales Ortiz**, Vocal, Titulado Superior.
- **D.ª Teresa Molina Jiménez**, Vocal, Técnica Superior.
- **D.ª Elena Ramos Pizarro**, Secretaria, Técnica de Administración General.

Habiendo sido convocada en tiempo y forma, la Presidenta declara abierta la sesión. Se procede a la lectura del acta anterior, que se aprueba por unanimidad.

A continuación, la Mesa examina la documentación presentada por la empresa previamente propuesta como adjudicataria para el **Lote II del expediente de contratación 2022-363903**, relativo a las **«Obras de depuración en varios municipios de la provincia de Sierra Alta»**, con un presupuesto base de licitación de **10.630.632,19 euros (IVA excluido)**.

Tras comprobar el contenido de la documentación requerida, la Mesa constata que:

- Se ha presentado en plazo y por los medios electrónicos habilitados.
- Los certificados aportados acreditan que la empresa está al corriente en el cumplimiento de sus obligaciones tributarias y con la Seguridad Social.
- Se acredita correctamente la representación.
- Se ha presentado la garantía definitiva por importe del 5 % del presupuesto de adjudicación.
- No existen aspectos que deban ser objeto de subsanación.

Por todo lo anterior, y conforme al artículo 150.2 de la LCSP y a la cláusula 10.8 del PCAP, la Mesa acuerda:

- **Elevar propuesta de adjudicación a favor de la empresa UTE HIDROTEC Obras Públicas – CANALMEC Ingenie-**

ría del Agua, S.L., que obtuvo **90,60** puntos y presentó una oferta económica por importe de **8.580.257,53 euros (IVA excluido)**.

No habiendo más asuntos que tratar, se levanta la sesión, de lo que doy fe como Secretaria.

LA SECRETARÍA

(firma electrónica cualificada)

LA PRESIDENCIA

(firma electrónica cualificada)

Con el visto bueno de la Presidencia.

Documento íntegramente tramitado por medios electrónicos. Certificación de integridad y conservación conforme a Esquema Nacional de Interoperabilidad.

11.a. Claves para la redacción de esta acta

- Identificación del expediente, objeto, lote y presupuesto.
- Relación completa de miembros asistentes.
- Verificación detallada y ordenada de cada documento requerido.
- Declaración expresa de que no hay incidencias o subsanaciones.
- Propuesta formal de adjudicación conforme al artículo 150.2 LCSP.

11.b. Aspectos prácticos relevantes

- Esta acta permite al Órgano de contratación **dictar la resolución de adjudicación definitiva**.
- La correcta redacción garantiza la trazabilidad del cumplimiento documental.
- En caso de existir subsanaciones, estas deberían constar expresamente con plazo concedido y resultado.

.

12

ACTA DE ANÁLISIS DE DOCUMENTACIÓN PREVIA A LA ADJUDICACIÓN CON REQUERIMIENTO DE SUBSANACIÓN

Nos encontramos en la **fase precontractual inmediata a la adjudicación**, momento en el que la Mesa de Contratación examina la documentación presentada por la empresa propuesta como adjudicataria en cumplimiento del requerimiento del artículo 150.2 de la LCSP.

Si la documentación contiene omisiones o errores no esenciales que son subsanables, la Mesa debe:

- Acordar el requerimiento de subsanación.
- Conceder el **plazo de tres días naturales** conforme a la Disposición Adicional Duodécima de la LCSP.
- Advertir de la consecuencia jurídica de no atender el requerimiento: exclusión del procedimiento.

ACTA DE LA CUARTA SESIÓN DE LA MESA DE CONTRATACIÓN EN MATERIA DE INFRAESTRUCTURAS HIDRÁULICAS

En la sede de la Dirección General de Proyectos de la Consejería de Desarrollo Técnico y Ambiental, sita en avenida Atlántico s/n, de la ciudad de Riosalado, siendo las 12:01 horas del día 9 de enero de 2024, se reúne la Mesa de Contratación integrada por:

- **D.ª Mercedes Fuentes Lorente**, Presidenta, Jefa del Servicio de Contratación.
- **D. Jaime Rivas Crespo**, Interventor Delegado.
- **D. Arturo Varela Prados**, Asesor Jurídico.
- **D. Ernesto Casado Gutiérrez**, Vocal, Técnico Superior.
- **D.ª Camila Aguado Serrano**, Vocal, Técnica Superior.
- **D.ª Isabel Navas Ocaña**, Secretaria, Técnica de Administración General.

Iniciada la sesión con la lectura y aprobación del acta anterior, se examina la documentación presentada por la entidad **UTE HIDROTEC DEL SUR, S.L. – CIANUR INGENIERÍA, S.L.P.**, como licitadora con mejor puntuación en el **expediente de contratación 2022-870022**, relativo a la obra **«Garantía de abastecimiento en alta de agua desalada en el término municipal de Marjalalto (provincia de Alameda)»**, con un presupuesto de **501.570,54 € (IVA excluido)**.

Tras el análisis del contenido documental aportado, la Mesa constata lo siguiente:

- Se ha presentado escritura de constitución de la UTE, pero **no consta la escritura de constitución individual de cada una de las empresas integrantes**.
- La entidad ha aportado certificados de depósito de cuentas anuales en el Registro Mercantil, pero **no acredita que las cuentas adjuntadas sean las efectivamente depositadas**.

Consultado el expediente de contratación 2022-887744, en el que ambas empresas concurrieron individualmente, se constata que dichas escrituras de constitución obran allí, por lo que se incorporan de oficio.

No obstante, se considera que **subsiste defecto en relación con la acreditación de las cuentas depositadas**, lo que se valora como subsanable conforme a la cláusula 10.7 del PCAP.

En virtud de lo anterior, la Mesa acuerda por unanimidad:

- **Requerir a la UTE HIDROTEC DEL SUR, S.L. – CIANUR INGENIERÍA, S.L.P.** para que, en el plazo de **tres días naturales**, aporte la justificación documental que acredite que las cuentas presentadas son las efectivamente depositadas en el Registro Mercantil.

- El requerimiento se realizará a través del portal electrónico de licitación, con apercibimiento expreso de que **la falta de subsanación en plazo dará lugar a su exclusión del procedimiento**.

No habiendo más asuntos que tratar, la Presidenta declara concluida la sesión, de la que doy fe como Secretaria.

LA SECRETARÍA

(firma electrónica cualificada)

LA PRESIDENCIA

(firma electrónica cualificada)

Con el visto bueno de la Presidencia.

Documento íntegramente tramitado por medios electrónicos. Certificación de integridad y conservación conforme a Esquema Nacional de Interoperabilidad.

12.a. Claves para la redacción de esta acta

- Identificación clara de los documentos omitidos.

- Análisis preciso sobre qué puede incorporarse de oficio y qué debe subsanarse.

- Aplicación del régimen de subsanación del art. 68 de la LPACAP, integrado por la DA 12.ª de la LCSP.

- Advertencia expresa de exclusión por incumplimiento.

12.b. Recomendaciones prácticas

- El plazo de tres días **es natural**, salvo disposición expresa en contrario.

- Debe evitarse el automatismo, puesto que no todo defecto es subsanable; debe valorarse su entidad.

- La trazabilidad documental es clave, en el sentido de que, si ya obra en otro expediente, puede incorporarse de oficio, pero debe reflejarse expresamente en el acta.

13

ACTA DE ANÁLISIS DE DOCUMENTACIÓN EN FASE DE ACLARACIÓN Y PROPUESTA DE ADJUDICACIÓN

El presente supuesto se enmarca en el **trámite previo a la adjudicación** previsto en el artículo 150.2 de la Ley 9/2017, de Contratos del Sector Público (LCSP), en el que:

– La Mesa de Contratación requiere a la empresa con mejor puntuación para la presentación de documentación justificativa de su capacidad y cumplimiento de requisitos previos.

– En algunos casos, dicha documentación **requiere aclaraciones puntuales**, sin constituir defectos formales, lo cual activa el principio de buena fe administrativa y el derecho a ser oído.

– Analizadas las aclaraciones, si resultan satisfactorias, la Mesa formula la **propuesta de adjudicación al órgano competente**.

ACTA DE LA SÉPTIMA SESIÓN DE LA MESA DE CONTRATACIÓN EN MATERIA DE INFRAESTRUCTURAS HIDRÁULICAS Y RECURSOS NATURALES

En la sede de la Dirección General de Infraestructuras, sita en la Avenida de los Sistemas Públicos, número 27, de la ciudad de Beturia, siendo las 9:47 horas del día 20 de febrero de 2024, se reúne la Mesa de Contratación, integrada por:

- **D.ª Carmen López de Haro**, Presidenta, Jefa del Servicio de Contratación.
- **D. Eduardo Salinas Márquez**, Interventor Adjunto.
- **D. Tomás Alcántara Méndez**, Letrado del Servicio Jurídico.
- **D. Pablo Hermoso Ortega, Vocal**, Jefe del Servicio de Infraestructuras Ambientales.
- **D. Jorge Reina Benítez**, Vocal, Técnico de Apoyo.
- **D.ª Alicia Ariza Núñez**, Secretaria, Técnica de Administración General.

Constatada la correcta convocatoria, se aprueba por unanimidad el acta anterior.

Se procede a continuación al **análisis de la documentación aportada por la empresa con mejor puntuación**, en respuesta al requerimiento de aclaración efectuado con fecha 15 de febrero de 2024, en el marco del **expediente de contratación 2023-000000**, cuyo objeto es la ejecución de las **«Obras de restauración hidrológico-forestal en la zona del Parque Natural del Azul»**, con un presupuesto base de **1.346.612,94 € (IVA excluido)**.

Tras el examen de la documentación aportada, la Mesa constata que:

- La empresa ha **atendido correctamente todos los extremos del requerimiento**, aportando documentación complementaria que aclara aspectos sobre la capacidad de obrar y solvencia técnica.

En virtud de ello, y conforme al artículo 150.2 de la LCSP y la cláusula 10.9 del PCAP, la Mesa acuerda por unanimidad:

- **Formular propuesta de adjudicación a favor de la empresa INGENIA VERDE, S.L.**, que obtuvo **64,13 puntos** y presentó una oferta económica de **1.016.960,00 € (IVA excluido)**.

No habiendo más asuntos que tratar, la Presidenta declara finalizada la sesión, de lo que doy fe como Secretaria.

LA SECRETARÍA

(firma electrónica cualificada)

LA PRESIDENCIA

(firma electrónica cualificada)

Con el visto bueno de la Presidencia.

Documento íntegramente tramitado por medios electrónicos. Certificación de integridad y conservación conforme a Esquema Nacional de Interoperabilidad.

13.a. Claves para la redacción de esta acta

- Referencia clara al requerimiento previo y su fecha.

- Descripción del contenido aclarado y valoración de su suficiencia.

- Propuesta formal de adjudicación con datos técnicos y económicos.

13.b. Cuestiones prácticas a destacar:

- Las aclaraciones documentales no constituyen una subsanación en sentido estricto (art. 68 LPACAP), sino un **acto de cooperación administrativa**.

- Debe evitarse que este trámite oculte defectos sustanciales.

- Su finalidad es reforzar la seguridad jurídica y garantizar que la adjudicación se produce con pleno cumplimiento de los requisitos exigibles.

BIBLIOGRAFÍA

Carbonell Porras, E. (1999). *Los órganos colegiados. Organización, funcionamiento, procedimiento y régimen jurídico de sus actos.* Centro de Estudios Políticos y Constitucionales. Ministerio de Presidencia.

Guía de Servicios de Licitación Electrónica para Órganos de Asistencia: Gestión del Órgano de Asistencia. Ministerio de Hacienda y Administraciones Públicas. 2017.

Guía básica de anonimización. Elaborada por Autoridad Nacional de Protección de Datos de Singapur (PDPC - Personal Data Protection Commission Singapore). 2022.

Jimenez Vacas, J. J. (2023). «Mesas de contratación y reglas esenciales para la formación de la voluntad colegiada». En J. Pintos Santiago (Dir). *Cinco años de la ley de Contratos del Sector Público...* (pp. 713-735). Aranzadi.

Manual de buenas prácticas en contratación pública local. Federación Española de Municipios y Provincias (FEMP). 2024.

Ley 40/2015, de 1 de octubre, de Régimen Jurídico del Sector Público.

Ley 39/2015, de 1 de octubre, del Procedimiento Administrativo Común de las Administraciones Públicas.

Ley 19/2013, de 9 de diciembre, de transparencia, acceso a la información pública y buen gobierno.

Ley 9/2017, de 8 de noviembre, de Contratos del Sector Público, por la que se transponen al ordenamiento jurídico español las Directivas del Parlamento Europeo y del Consejo 2014/23/UE y 2014/24/UE, de 26 de febrero de 2014.

Real Decreto 1098/2001, de 12 de octubre, por el que se aprueba el Reglamento general de la Ley de Contratos de las Administraciones Públicas.

Ley Orgánica 3/2018, de 5 de diciembre, de Protección de Datos Personales y garantía de los derechos digitales.

Reglamento (UE) 2016/679 del Parlamento Europeo y del Consejo, de 27 de abril de 2016, relativo a la protección de las personas físicas en lo que respecta al tratamiento de datos personales y a la libre circulación de estos datos y por el que se deroga la Directiva 95/46/CE (Reglamento general de protección de datos).

Reglamento (UE) N.º 910/2014 del Parlamento Europeo y del Consejo, de 23 de julio de 2014, relativo a la identificación electrónica y los servicios de confianza en las transacciones electrónicas en el mercado interior y por el que se deroga la Directiva 1999/93/CE (eIDAS).